Y tú, ¿te diviertes con tus hijos?

María Rosas

CENGAGE
Learning™

Australia • Brazil • Japan • Korea • Mexico • Singapore • Spain • United Kingdom • United States

CENGAGE
Learning·

Y tú, ¿te diviertes con tus hijos?
María Rosas

Presidente de Cengage Learning Latinoamérica:
Javier Arellano Gutiérrez

Director editorial Latinoamérica:
José Tomás Pérez Bonilla

Director de producción:
Raúl D. Zendejas Espejel

Editora:
Paola Martín Moreno R.

Editora de producción:
Gloria Luz Olguín Sarmiento

Diseño de portada:
Gerardo Larios García

Imagen de portada:
www.dreamstime.com

Fotógrafo:
Andrés Rodríguez

Composición tipográfica:
Silvia Plata Garibo
David Espinoza Martínez

© D.R. 2009 por Cengage Learning Editores, S.A. de C.V., una compañía de Cengage Learning, Inc.
Corporativo Santa Fe
Av. Santa Fe núm. 505, piso 12
Col. Cruz Manca, Santa Fe
C.P. 05349, México, D.F.
Cengage Learning™ es una marca registrada usada bajo permiso.

Datos para catalogación bibliográfica
Rosas, María
Y tú, ¿te diviertes con tus hijos?
ISBN-13: 978-970-830-073-5
ISBN-10: 970-830-070-X

Visite nuestro sitio en:
http://latinoamerica.cengage.com

Impreso en Cosegraf; nov. del 2008
Progreso No. 10 Col. Centro
Ixtapaluca Edo. De México

Impreso y hecho en México
1 2 3 4 5 6 7 11 10 09 08

Dedicatoria

A Lucía. Mi hija. Sin lugar a dudas. Por haberse negado a estudiar ballet cuando era más pequeña, por haber evitado a toda costa y bajo cualquier pretexto ser inscrita en clases de natación, por su gran capacidad para armar rompecabezas y su amor por los libros. Gracias Lucia.

A Daniel por haber convertido nuestro departamento en aeropuertos, en vagones del Metro, en agencias de viaje y en una gran variedad de escenarios. Por haber sido maestro, chofer, piloto y cualquier cantidad de profesiones y oficios imaginables cuando era pequeño. Gracias Daniel.

Mis dos hijos y su imaginación me hicieron comprender que los niños deben dedicarse a jugar y nosotros, sus papás, a disfrutar sus juegos y jugarlos con ellos.

Contenido

Contenido

Presentación de la colección
Aprender para crecer

Recuerdo con claridad cuando me dispuse a plasmar en papel todo cuanto sabía o creía saber acerca de la formación y educación de los hijos. Los míos, para empezar, como base exploratoria, sin duda constituirían una historia ejemplar. Y por qué no, si palpaba cotidianamente las esencias más puras referentes a los temas que nos conciernen a la mayoría de los padres, si había vivido y continuaba experimentando en todo su esplendor y dolor los matices de la maternidad, si reconocía en la imagen que devuelve el espejo a una mujer entregada a la superación y felicidad de sus hijos. No estaba del todo errada, sin embargo, al exhalar sobre el respaldo de mi silla cómplice y después de meses de no estirar las piernas, comprendí que los hilos de mi narrativa habían creado un tejido indestructible entre mis sentimientos y mi realidad como madre. Fue al leer, preguntar, acomodar, suprimir y reconocer que advertí la inmensidad del entendimiento: son los niños quienes nos cargan de energía para llevarlos y traerlos; son los niños los que proyectan metas personales al descubrir el mundo a través de nuestros pasos; son ellos quienes nos abrazan en las noches más confusas y solitarias; son nuestros hijos los que trazan con envidiable precisión el compás de la unión familiar. Cierto es que como padres nos graduamos a la par de ellos, también lo es que el manual de convivencia, desarrollo y armonía lo redactamos juntos, como núcleo. Comparto entonces, esta colección, **Aprender a crecer**, a todos aquellos padres que dividen sus horarios entre visitas al pediatra y partidos de futbol, también a todas las madres que comprenden de desvelos y zurcidos invisibles —los del alma incluidos. Este compendio de experiencias, testimonios, confesiones y recomendaciones enaltece las voces de especialistas, cuidadores, profesores, madres y padres que provienen curiosamente de diversos caminos, pero que y porque a la vida la hacemos así, se han detenido entre cruces y por debajo de puentes a tomar un respiro y tenderse la mano. Que sea ése el propósito de nuestra paternidad: sujetar con disciplina, amor, diversión, cautela y libertad las manos de nuestros hijos y que permitamos que continúen impulsándonos a ser no sólo mejores ejemplos, también sólidos y eternos encuentros.

Y tú, ¿te diviertes con tus hijos?, aparenta ser una pregunta bastante común y sencilla de responder, aunque la realidad podría ser otra. Vale el esfuerzo dedicarle tiempo a nuestros niños y no saturarlos todas las tardes de actividades que quizás los hagan sentir miserables. Dejémoslos introducirnos a su mundo, su mente, sus emociones y convirtámonos en sus mejores compañeros de aventuras y descubrimientos.

Introducción

Cuando me propuse escribir un libro acerca de las posibilidades que tenemos para que los niños utilicen su tiempo cuando no están en la escuela, pensé que la tarea sería más sencilla de lo que en realidad ha sido. En el camino de la investigación y las entrevistas, observé que no se trata sólo de que los niños la pasen bien, sino de que, además, aprendan; pero no para saber más o ser mejor que los demás, sino que aprendan a formarse para desarrollar al máximo todas sus potencialidades físicas, neurológicas y mentales. Qué bueno que puedan jugar mientras aprenden matemáticas, y qué mejor que mejoren sus habilidades motrices mientras se enfrentan a los enigmas del teclado de la computadora. Hasta la televisión puede convertirse en una herramienta educativa si los padres estamos ahí, con los niños, para enseñarlos a dilucidar, reflexionar, analizar e incluso criticar los contenidos de lo que ven.

La clave está en el papel que nosotros asumamos frente al deporte, la lectura, la música, la pintura, la televisión o las computadoras. La responsabilidad de la práctica de alguna de estas actividades y del uso de alguna de estas herramientas sigue recayendo en nosotros, los papás. No podemos convertir a la televisión o a la computadora en nuestras asistentes en el cuidado de los hijos; tampoco podemos pedirles que lean si nosotros somos incapaces de sentarnos un momento a disfrutar la lectura o a escuchar un buen disco de la música que sea.

La velocidad con la que pasa el tiempo nos impide muchas veces hacer todas las actividades que queremos con nuestros hijos. No creo que haya algún padre de familia que no esté interesado en darle a su hijo lo mejor. Sin embargo, aunque no tengamos un minuto de reposo al día porque trabajamos, atendemos la casa o tenemos hijos pequeños a los que hay que cuidar, debemos hacer lo posible por evitar que sean influencias nocivas las que se encarguen de educar a nuestros hijos, como la televisión o los violentos videojuegos.

Tampoco se trata de llenarlos de juguetes educativos o inscribirlos a diferentes actividades físicas, sino de convencernos de que el niño no necesita ocupar su tiempo libre con actividades que nos hacen correr toda la tarde, además de que requieren fuertes desembolsos de dinero. Leamos con ellos en las noches, escuchemos música en su compañía, vayamos juntos un fin de semana a patinar o a andar en bicicleta. Incluso en el trayecto de la casa a la escuela podemos jugar o cantar. La idea es, por un lado, que nuestros hijos sepan que estamos con ellos en sus ratos de ocio —los cuales podemos convertirlos en experiencias agradables—. Por otra parte, como papás debemos estar conscientes de que no todo lo que los ayuda a crecer y desarrollarse, sana y equilibradamente, se encuentra sólo fuera de la casa.

Capítulo uno

¿Quién no quiere un campeón en casa?

"Uno de mis grandes orgullos es que Gabriel, mi hijo, sea tan excelente jugador de futbol. Incluso su papá y yo estamos pensando en la posibilidad de inscribirlo en un equipo donde los preparan para formar parte de algún club. De Mónica también estoy muy satisfecha, le encantan sus clases de gimnasia olímpica. Eso sí, corremos toda la tarde pero ellos están encantados con su actividad física. Además, el maestro de Mónica me comentó que le ve muchas posibilidades de que con el tiempo pueda formar parte del equipo nacional".

"Lunes y miércoles vamos a la clase de natación, martes y jueves a practicar tenis al club y los sábados por la mañana la niña

La participación del niño en actividades deportivas es importante para lograr un crecimiento normal, ya que fomenta el desarrollo físico, psicológico y social, aumenta la capacidad para tomar decisiones y favorece la autoestima.

toma clases de jazz. Estoy encantada con todo eso porque es importante que los niños hagan deporte, ¿no?".

"Ahora sí pienso que Daniela se excedió en su actividad. En cuanto me hablaron de la escuela fui corriendo por ella porque según los maestros estuvo a punto de desmayarse. Le hicimos toda clase de análisis y el diagnóstico fue: agotamiento físico y tensión. Ella iba tres veces a la semana a clase de gimnasia olímpica, dos tardes se quedaba en la escuela practicando baile y los fines de semana desde temprano nos íbamos a nadar y a patinar al club".

Éstos son testimonios de tres madres de familia cuyos nombres no aparecen, pero que son muy representativos de los comentarios de cientos de mujeres que todas las tardes llevan a sus hijos de una actividad física a otra. Algunas como forma de entretenerlos y otras porque en el fondo de sus corazones ansían tener un campeón en casa. Lo que todas compartimos es el deseo de ofrecer a nuestros hijos una educación integral, equilibrada. Nadie duda que todos los papás del mundo anhelamos ver a nuestros pequeños convertidos en hombres y mujeres felices, sanos y plenamente desarrollados. El deporte, creemos, es uno de los mejores caminos para lograrlo. En efecto, e incluso los pediatras lo recomiendan, la participación del niño en actividades deportivas es importante para lograr un crecimiento normal, ya que fomenta el desarrollo físico, psicológico y social, aumenta la capacidad para tomar decisiones y favorece la autoestima. Asimismo, la práctica de alguna actividad física le proporciona al niño una experiencia agradable, le abre la posibilidad de adquirir destreza en algunas tareas y le permite integrar a su vida el concepto de trabajo en equipo.

"Gracias al basquetbol que practica dos tardes por semana en la escuela, mi hija Laura ha aprendido lo que es trabajar en equipo", explica Laura del Castillo, mamá de Laura, de 10 años de edad, y de Marisol, de ocho años.

Desde hace mucho tiempo se ha comprobado la importancia de los estímulos para el sano desarrollo del niño. Las investigaciones han llevado a concluir que, desde que el niño se encuentra en el útero de la madre, el cerebro registra lo que hay en el medio en el cual se encuentra: "Va archivando impresiones auditivas, gustativas y luminosas. Las emociones de la madre afectan al niño. Las palabras y la música suave lo tranquilizan. Los rítmicos latidos del corazón de la mamá lo sosiegan. El funcionamiento del cerebro determina su estructura, y ésta abre nuevos cauces de funcionamiento. Cuanto más lo hagamos funcionar, más y mejor se estructurará. El cerebro de un niño crece tanto como lo permitan las oportunidades que le demos", explica la investigadora española Merche Bravo en su libro *La educación temprana.*

Los padres confunden a menudo los refuerzos positivos, tan importantes para el niño, con victorias impuestas desde el exterior.
HAHN

Como padres, el primer paso que debemos dar es involucrar al pequeño, desde sus primeros años de vida, en diversas actividades motrices que contribuyan a su desarrollo físico y emocional. De esta manera, antes de que el chico practique de manera formal algún deporte —y aquí definimos deporte como una actividad física, estrictamente reglamentada, que se realiza a través de una especialización técnica y que busca resultados muy precisos—, debemos estimular

> Los logros motores de un niño no son deseables
> cuando se presentan antes de tiempo, porque
> ni el cuerpo ni la mente del pequeño están
> preparados para hilar los logros con la experiencia

sus movimientos naturales como correr, saltar, gatear, reptar, lanzar, atrapar y patear una pelota, reforzando la parte del juego y diversión que se distingue en estas actividades.

José Luis Pérez, licenciado en Educación Física, afirma que el movimiento que se registra dentro del individuo se conoce como motricidad, y que la psicomotricidad es la acción del sistema nervioso central la cual hace que el ser humano tome conciencia de los movimientos que realiza. "Es muy importante en los pequeños, de hecho se inicia en el jardín de niños, contribuyendo a que el desarrollo infantil sea integral".

La educación física exige que se estimule al bebé en sus primeras manifestaciones de movimiento con caricias y palabras, mostrándole objetos luminosos, poniéndole música, cantándole y acunándolo en brazos. Si en esta primera etapa de desarrollo estimulamos sus movimientos naturales, el pequeño empezará a sentir su cuerpo, a moverlo y a coordinarlo.

Cuando mis hijos eran pequeños, como buena mamá moderna, me dediqué a leer libros acerca del desarrollo de los niños y les compraba todo lo que supuestamente necesitaban para ingresar bien entrenados a la etapa de desarrollo en puerta. Leí mucho material relacionado con los avances en neurología, motricidad y desarrollo del cerebro. Reconozco honestamente que soñaba con tener hijos geniales, perfectamente estimulados física y emocionalmente. A Daniel, incluso, lo inscribí en un gimnasio de estimulación temprana y desde que el niño tenía tres años mi esposo y yo anhelábamos tener un futuro campeón de futbol.

Ahora que veo las cosas a la distancia, por supuesto no me arrepiento de todo lo que hice por el beneficio de mis hijos, pero me doy cuenta de que muchas veces los padres exageramos y nos olvidamos de lo más elemental: jugar con ellos y respetar sus propios gustos respecto a las actividades físicas que quieren practicar. No recuerdo haber pateado pelotas con mis hijos, ni corrido con ellos: entretenimiento elemental para cualquier niño del planeta. Las razones siempre fueron mi falta de tiempo y la creencia de que eso no sería suficiente para su buen desempeño físico. Dejé de lado mi intuición y pensé que lo mejor era ofrecerles juguetes educativos, colchonetas, grandes cojines y todo lo que sugerían en los libros.

En su artículo "Estimulación temprana en vísperas del nuevo milenio", Ana Serrano, Directora del Centro de Asesoría y Apoyo a la Crianza, A.C., afirma que los papás actuales piensan que la crianza es un proceso intelectual el cual puede ser resuelto leyendo libros y aplicando las ideas.

> El papá contemporáneo está consciente de que el éxito económico y profesional depende de una buena carrera, está ansioso por darle a su bebé el beneficio de una ventaja de arranque y ayudarlo a abrir brecha para que aprenda bien, sea inteligente, tenga un buen trayecto escolar y, eventualmente, consiga un buen trabajo. Por otro lado, las familias tienden a ser menores y, por lo mismo, los niños están excesivamente vigilados. La mujer trabaja y compensa su ausencia con exceso de juguetes, atención indiscriminada y falta de límites y disciplina.

Marcia Campos, mamá de Luis Enrique, de 11 años de edad, Fabricio, de nueve, y Camila, de cuatro, está convencida de que las clases de estimulación temprana a las que llevó a sus tres hijos sirvieron de mucho, ya que gracias a éstas los niños aprendieron a conocer y a manejar su cuerpo.

"Hoy, mi hijo mayor es campeón de natación, Fabricio es muy bueno para el futbol y pienso que mi hija será bailarina, le gusta mucho el baile", dice la entusiasmada mamá.

El estímulo influye más que la herencia genética.

BRAVO

A pesar de las bondades de la práctica de algún deporte, los expertos aseguran que no se debe buscar para menores de 12 años la especialización física ya que el niño aún está en proceso de crecimiento.

El medallista olímpico Manuel Youshimatz coincide en que no es conveniente que los niños practiquen deportes especializados antes de los 12 años, sino que realicen diversas actividades físicas. El deporte se entiende como la preparación para participar en competencias y, si bien es importante que los niños tengan actividad recreativa y practiquen varias disciplinas, conozcan las diferentes especialidades y sus reglas, no se les debe exigir. Deben tener una preparación muy ligera, de manera que puedan correr, patear pelotas, andar en bicicleta y nadar, afirma el ciclista y ahora entrenador infantil.

Yo no tengo ningún campeón en casa, pero no porque no quiera, simplemente Lucía y Daniel son los que no quieren. Cuando el niño estaba en preprimaria lo metí al equipo de futbol de la escuela y resultó un fracaso rotundo. En los entrenamientos se aislaba en una esquina de la cancha y se ponía a perseguir hormigas. También le gustaba juntar puños de tierra y lanzarlos al aire. Cada lunes y jueves, días de entrenamiento, salía frustrada y enojada con el niño. Decidí sacarlo y Guillermo, mi esposo, aún me lo sigue recriminando: "pudiste esperar más tiempo, te faltó constancia", etcétera. Con Lucía sucedió algo similar. La inscribí a una escuela de ballet clásico y aguantó menos de tres meses. Hasta la fecha, ella es la que me reclama por haberla inscrito a esa actividad física. "¿Me preguntaste alguna vez si yo quería estudiar ballet?", me cuestiona.

Marina Hernández tiene seis años, y a su corta edad ya se rebela en contra de sus clases de gimnasia olímpica. Llora cada vez que su mamá empieza a ponerle las mallas.

"Pero si no lo hago así, la niña va a querer quedarse en casa sin hacer nada", dice Estela Romo, mamá de Marina.

"Yo siempre quise ser bailarina. Recuerdo que cuando tenía nueve años soñaba con mi vestido de ballet y zapatillas. Nunca asistí a clases de nada, por eso a mi hija Valeria la tengo en clases de ballet y jazz. Como todos los niños, ella se resiste a ir, pero sé que cuando sea mayor me lo va a agradecer", comenta Elena Pulido, mamá de Valeria, de 11 años.

Juan Manuel Hernández Martínez, entrenador infantil de natación, recomienda que todos los niños, incluso antes de ir a la escuela, estén familiarizados con diversas actividades físicas porque ello les permitirá gozar de un buen desarrollo psicomotor y, en consecuencia, podrán desempeñar todos los deportes que quieran cuando llegue el momento adecuado.

"Los niños que están acostumbrados al deporte desde pequeños son, corporal y mentalmente, más despiertos, activos y seguros, además, demuestran más interés en todas las actividades. Debemos permitirles probar diferentes actividades y no llevarlos por obligación al deporte que a nosotros, como papás, siempre nos gustó. Hay que darles oportunidades; incluso, ofrecerles diversas opciones los ayuda a desarrollar sus capacidades mentales, físicas, de decisión y de coordinación".

A casi todos los niños les gusta el deporte; el ejercicio los lleva a que permanezcan activos a lo largo de sus vidas. Mantenerse activo ayuda al niño a mejorar su autoestima y disminuye el riesgo de desarrollar enfermedades en la vida adulta (problemas cardiacos, neurológicos, etcétera). Sin embargo, casi todos los padres de familia le hemos quitado al deporte su carácter de entretenimiento y fomentamos en los niños el espíritu de competencia más que el de recreación.

Pongamos como ejemplo el deporte que se practica en las escuelas. Por supuesto, cumple una función positiva dentro de la formación de los niños, el problema es cuando se convierte en un mecanismo para presionar a los más hábiles físicamente para que formen parte de equipos o selecciones escolares, relevando a los que tienen problemas de motricidad o no son tan hábiles, golpeando con ello su autoestima.

Para Jerónimo Guadarrama, profesor de Educación Física de una escuela primaria privada, el deporte escolar adquiere un rasgo negativo cuando se ejerce una presión excesiva sobre los niños y jóvenes en cuanto a rendimiento deportivo y a la discriminación que se produce entre unos niños y otros.

"El ejercicio escolar se ha convertido en una actividad que copia los principios del deporte profesional (en la mayoría de los casos), y esto, que para muchos adultos no tiene la menor importancia pues desconocen las consecuencias negativas, puede llegar a extremos bastantes tristes, porque en casi todos los casos se queda como un pequeño trauma para el niño. Asimismo, esto se relaciona con la presión que se ejerce sobre niños y jóvenes en virtud de mejores

Los médicos del deporte afirman que durante los primeros años de vida debe privilegiarse la evolución de la psicomotricidad del niño resultados para el equipo o de un mayor rendimiento del chico de quien se piensa tiene grandes aptitudes para practicar ese deporte. Ello trae invariablemente un inadecuado y excesivo entrenamiento físico y una gran responsabilidad en el niño o joven (es decir, una excesiva tensión física y psicológica)", expone Guadarrama.

> La presión ejercida al practicar un deporte —escolar o de manera independiente— y que provoque una falta de respeto hacia la persona, su ritmo particular, su edad y que le dé mayor importancia al resultado final y no a la formación en sí, puede producir varios tipos de consecuencias:
>
> **Físicas**: pequeñas lesiones, fisuras musculares, esguinces, sobrecarga muscular.
> **Psíquicas**: falta de seguridad en sí mismo, carencia de autoestima, falta de autonomía, imposibilidad de responsabilizarse, eliminación del disfrute, disminución del rendimiento escolar.
> **Afectivas**: bloqueos, dificultades para relacionarse, inhibiciones, pérdida de la concentración en el estudio, dispersión.

El deporte como un juego

"Mi esposo y yo somos enemigos de la estimulación temprana, tan de moda en la actualidad. Sin embargo, hay una gran competencia entre las mamás para ver si su hijo es el mejor, el que camina más pronto, o el que se lleva todos los aplausos por su demostración de equilibrio. No sé si es bueno o malo, pero nosotros no caímos en eso porque sentimos que el único propósito es que los padres de familia gasten dinero en todo tipo de material y mobiliario para que el niño supuestamente se desarrolle de manera adecuada. Yo me pregunto, si nada de esto existía antes, ¿entonces cómo es que nosotros crecimos? No recuerdo haber tomado ningún tipo de clase de estimulación, de danza o de cualquier otra cosa y considero no tener problemas físicos o de motricidad", expone Jessica Bravo, mamá de Eduardo, de 11 años de edad, y de Estefanía, de nueve.

Ana Serrano afirma que no son deseables los logros motores de un niño cuando se presentan antes de tiempo, porque ni el cuerpo ni la mente del pequeño están preparados para hilar los logros con la experiencia. La estimulación temprana no pretende que los bebés corran antes de caminar.

> La corriente de estimulación temprana reconoce que el bebé y el niño pequeño atraviesan por un periodo único y sensible de desarrollo cerebral. Los estímulos sensoriales y de movimiento, literalmente cincelan al cerebro, dejan rastros de asociaciones que potencian el desarrollo y el eventual aprendizaje del niño.

Hayamos llevado o no a nuestros hijos a algún centro de estimulación, los especialistas nos aconsejan que los papás debemos reforzar en el niño los fundamentos del deporte a través del juego, desde que nacen y hasta los cuatro o cinco años de edad. Durante esta etapa de crecimiento, el niño puede saltar, correr, rodar, girar, jalar, lanzar, patear y atrapar objetos. Si nosotros, a manera de juego, estimulamos este tipo de actividades, estaremos sentando las bases de su interés por las actividades físicas. Desafortunadamente, el crecimiento de las ciudades se ha impuesto como una agresión al espacio lúdico natural del menor como lo fue la calle para muchos de nosotros. No obstante, las actividades físicas se pueden realizar en casa o en alguno de los pocos parques que aún quedan en las grandes ciudades.

José Luis Pérez, educador, asegura que después de los seis años es recomendable introducir al niño en la práctica de alguna actividad física, aunque no en deportes que tengan un alto grado de dificultad y rendimiento. "Hay que iniciarlo de manera libre y espontánea, sin presiones ni exigencias, en el deporte que el chico escoja. La variedad de juegos o disciplinas que el pequeño puede practicar es ilimitada, y al desenvolverse en alguna de ellas se le abre un mundo de nuevas posibilidades. Además, el deporte le sirve para desarrollar sus aptitudes".

Cecilia Oropeza, maestra de gimnasia, afirma que más allá de los mitos, existen verdades comprobadas acerca de las ventajas que tiene el ejercicio en la población infantil. Por una parte, el niño mejora su lenguaje a medida que coordina mejor su cuerpo. Por otro lado, facilita su proceso de socialización y se vuelve más comunicativo. Aprende el valor del esfuerzo individual y colectivo, pierde el temor al fracaso, se siente aceptado por sus semejantes y adquiere mayor confianza en sí mismo.

Eloína Gándara, quien tiene un hijo con déficit de atención, afirma estar convencida plenamente de los beneficios del deporte en José Luis, su hijo de 10 años. "En especial, la natación ha sido un verdadero apoyo para la corrección de los problemas motores del niño. Gracias a la constancia —el chico nada cuatro veces por semana— ha corregido de manera visible sus movimientos. Antes le costaba mucho trabajo patear o cachar pelotas, hoy ya no. Todo le resulta más fácil, incluso las competencias de atletismo en la escuela. No las gana, pero ya se siente suficientemente seguro para participar en éstas".

Otra de las ventajas que ofrece la práctica de actividades físicas a los pequeños es la concentración. "El deporte ayuda al niño a vivir plenamente el presente, concentrándose en la actividad que realiza", expresa la mamá de José Luis.

> ### El juego es una forma de actividad física y una expresión propia del niño

Los médicos del deporte afirman que durante los primeros años de vida debe privilegiarse la evolución de la psicomotricidad del niño. Durante esa primera década deben estimularse los movimientos musculares, la flexibilidad y la velocidad, pero sin exigirle a los pequeños un entrenamiento forzoso o una constante superación. Existe un proceso natural de crecimiento que tiene etapas diferentes y sucesivas, si éste se acelera mediante el ejercicio se pueden provocar graves alteraciones en el crecimiento del chico.

Alfredo Caballero, especialista en Medicina del Deporte, expone:

> Un niño menor de 12 años no cuenta con una gran capacidad de resistencia, Alfredo Caballero, especialista en Medicina del Deporte expone: simplemente porque tiene un corazón pequeño. Si lo forzamos a realizar abdominales, sentadillas y lagartijas podemos provocarle problemas cardiacos o algunas serias descompensaciones. Asimismo, al someter a una criatura a ejercicios fuertes y constantes, sus músculos podrían desprenderse del punto de inserción en el hueso ya que éste se encuentra aún inmaduro.

Según el especialista, a través de un ejercicio fuerte el organismo reacciona acumulando más calcio, lo que hace crecer el hueso del chico a lo ancho y no a lo largo, como sucede naturalmente. Eso podría entorpecer el crecimiento.

Algunos ortopedistas coinciden en que el tipo de ejercicio que se practique debe ser de acuerdo no sólo con la edad del niño, sino también con su constitución física. Incluso, prohíben la práctica de ciertos ejercicios, como el levantamiento de pesas que resulta muy nocivo para un cuerpo en formación.

El deporte debe ser tomado como una experiencia recreativa y no como un estricto entrenamiento para el futuro. Entrenar es repetir firme y constantemente un ejercicio, y eso puede limitar las demás aptitudes del niño. La corteza cerebral está preparada para una estimulación muy variada y si nosotros le imponemos una especialización la estamos empobreciendo.

"Es importante que los padres tomen en cuenta que el chico está en proceso de desarrollo, sus huesos no están bien calcificados y sus músculos son frágiles aún. Asimismo, su sistema energético —que es la recuperación de oxígeno y otras sustancias que se liberan cuando se practica ejercicio, todavía no tiene la capacidad de generar la energía suficiente como para correr 10 minutos seguidos", expone Caballero.

Los especialistas recomiendan

Iniciar al niño en el deporte de manera libre y espontánea.

En la actualidad, las teorías pedagógicas afirman que sólo estimulando el cuerpo es como el niño lo siente, lo mueve y realmente lo conoce, y quien conoce y cuida su cuerpo es, en general, una persona confiada y segura.

Dejar al niño que controle su cuerpo, pues al hacerlo, controlará su personalidad total.

El deporte debe verse como algo formativo y no como un entrenamiento para competir.

Ana María de la Parra, psicoterapeuta infantil, dice que muchas de las reglas que rigen al deporte pueden coartar la creatividad del niño y hacer que éste pierda interés en otras áreas. Añade:

> Los niños aprenden mediante la imitación y la mejor manera de enseñarles es a través del juego, de la música y del movimiento sin reglas precisas. Hay que estimular sus sentidos para que capten la mayor información posible y después la procesen. Los chicos deben escuchar música y moverse, palmear, correr, brincar, dibujar, recortar y moldear. Si los padres de familia jugaran por lo menos media hora diaria con los niños, sería suficiente.

Muchas de las mujeres entrevistadas reconocen que no tienen ni media hora para jugar con sus hijos. Esta situación es real, porque a cuántas de nosotras nos pasa lo mismo: corremos de un lado para otro, trabajamos fuera de casa, salimos apresuradas para llevar a los niños a sus clases, peleamos con el tráfico de la ciudad, nos partimos en cuatro para ayudar con el gran cargamento de tareas con el que los chicos regresan de la escuela, en fin, después de una jornada maratónica vemos el reloj y ya es hora de bañarse, cenar y dormir. Sin embargo, estoy segura de que tratamos siempre de darles lo mejor a nuestros hijos. Muchas veces recurrimos a lo más sofisticado, y los inscribimos en novedosas clases de gimnasia olímpica mezclada con jazz o de natación mezclada con baile artístico, por poner un par de ejemplos, pero todo lo hacemos por el gran sentido de responsabilidad que tenemos de criar de la mejor manera posible a los pequeños.

"Esto de vivir en departamentos tan pequeños tiene muchas desventajas para los niños. Queremos que corran, brinquen y jueguen y les tenemos el espacio muy restringido: niño salte de la sala, no brinques arriba de mi cama, no jueguen escondidillas en el comedor. Así, ¿cómo van a desarrollarse sanamente? Tampoco los queremos llevar al parque porque tenemos miedo de que nos asalten o los secuestren y, menos aún, los dejamos jugar en la calle por temor a que pase un auto y los atropelle", asegura Julieta Gimeno, mamá de Pamela y Mónica, de ocho y seis años de edad.

Mónica García siempre trae las bicicletas y los patines de sus dos hijas en la cajuela del auto:

"A veces, cuando paso frente a un parque, me estaciono y las niñas andan un rato en bici o patinan. Ellas la pasan bien y yo también. Además, es una forma de compensar todo el tiempo que pasamos en los embotellamientos", afirma.

Uno sólo aprende a valorar sus capacidades y posibilidades reconociendo la importancia de la actividad en condiciones óptimas.

HAHN

Juego y entrenamiento

La educación física, como disciplina que tiene fines pedagógicos, utiliza el juego y el deporte para lograr el desarrollo integral del niño, sobre todo en el área psicomotriz.

Rolando García, profesor de Educación Física, señala que la educación física y el deporte no son sinónimos. El juego es una forma de actividad física y una expresión propia del niño, es parte de su vida diaria y el profesor puede tomarlo como un elemento formativo. El deporte, en cambio, es un juego sujeto a reglas estrictas, un ejercicio físico que se practica con el fin de superar una marca o vencer a un oponente.

"Es importante que los padres de familia no pierdan de vista que cualquier deporte que practiquen sus hijos, y que ejerza presión sobre ellos, está poniendo en riesgo la integridad física y psíquica del chico ya que no respeta la individualidad, la personalidad, el proceso evolutivo ni formativo. De ser un gran recurso y un medio para la educación y la formación, se convierte en un obstáculo para las mismas", afirma.

"He tenido muchos problemas en la escuela de mi hijo Juan Luis por la forma en la que lo discriminan del equipo de basquetbol. El niño no es muy alto ni tiene una coordinación excelente, pero para eso estamos pagando la escuela, para que tenga una clase de educación física en la que, lejos de ser la burla de los compañeros y del profesor —quien se la pasa regañándolo—, le ayude a mejorar sus problemas de coordinación", señala Yanina Alcocer, mamá de Juan Luis, de nueve años de edad, y Márgara, de siete.

La experiencia nos presenta una serie de causas por las que los niños, sobre todo los preadolescentes, dejan el deporte:

‣ Demasiados ejercicios repetitivos.
‣ Desgaste emocional por exigencia en su desempeño.
‣ Sentimiento de rechazo, por los comentarios negativos de los entrenadores o los compañeros.
‣ No poder practicar lo suficiente en los juegos.

Entrevistados sobre las políticas escolares relacionadas con las clases de Educación Física y los equipos deportivos en general, varios profesores de esta asignatura coinciden en que el deporte escolar actual presenta condiciones discriminatorias que van en contra de cualquier principio educativo. Existen, asimismo, diferentes tipos de niños que practican las actividades deportivas extraescolares: los que practican un deporte (se entiende como juego con reglas, competitivo y organizado) y disfrutan de él porque están dotados para la práctica; los que se integran a los deportes pero no los practican o los practican menos porque sus condiciones motrices no son tan buenas como las de los "dotados" y, finalmente, se encuentran los que no acceden a ningún deporte, porque en su entorno no hay posibilidades de práctica deportiva, o debido a que no son elegidos por los grupos o equipos de su actividad al no estar dotados física o técnicamente. Esto, desafortunadamente, le hace mucho daño a la autoestima de los niños. Por eso, si el niño practica alguna actividad física fuera de la escuela, es necesario cerciorarse, como padres de familia, de que los entrenadores tengan la suficiente preparación psicopedagógica para entender el ritmo al que va cada niño. Además, es importante siempre tener presente que el maestro de natación, de karate, de *taekwon do* o de la actividad que sea, será un modelo a seguir por nuestros hijos. Son personajes muy importantes en la vida de los chicos, por eso siempre debemos estar en contacto con ellos.

"Nosotros cometimos la torpeza de inscribir a Jesús, de 10 años, a una liga de beisbol. Inmediatamente se dieron cuenta de que era muy bueno y los entrenadores lo captaron para un equipo que iría a competir a nivel regional y después nacional con niños de otras entidades. Fueron cerca de dos años de entrenamientos diarios y partidos cada fin de semana. El niño acabó fastidiado y muy frustrado porque perdió un año escolar. En época de exámenes era una verdadera tortura ya que Jesús no quería estudiar, se sentía muy cansado. Pero lo peor llegó cuando los descalificaron. Nunca entendió las razones, ni las reglas".

El doctor Caballero afirma que si aceptamos que un niño menor de 12 años participe en competencias deportivas llenas de reglas y normas, se está dejando a un lado la evolución natural del chico. Se trata de niños que se saltan etapas y tienen muy poco tiempo para el juego y el esparcimiento en general. Además, los niños no tienen la madurez suficiente para asumir reglas ni saben enfrentar la frustración como lo haría un niño mayor. Estos pequeños son privados del aprendizaje que da la vida social y esa competitividad que se les enseña los lleva a ver a los otros estrictamente como enemigos y no como una plataforma de encuentro, de integración y de enriquecimiento.

El niño que piensa determina el encaje de su propio cerebro.

HEALY

El doctor Gustavo A. Ríos en su artículo "El niño y el deporte" sugiere que, hasta los ocho o nueve años de edad, la actividad física debe tener como objetivo desarrollar la actividad motora general, el propio cuerpo y sus cualidades físicas. El niño, en el aspecto evolutivo, no está preparado para competir; por tanto, sólo se debe estimular la competencia como elemento educativo. A los 10 años, el niño tiene una habilidad motora general que le permite manejar su cuerpo en tiempo y espacio, es entonces el momento en que debe desarrollarse la habilidad motora específica estimulando:

▶ La flexibilidad en cuanto a movilidad y elasticidad.
▶ La fuerza de músculos grandes solamente y buscando una formación normal de la postura.
▶ El dominio y uso del cuerpo en movimientos específicos.
▶ La incorporación de técnicas y gestos propios de los deportes.

Como padres de familia debemos fomentar un ambiente deportivo adecuado para nuestros hijos, en el que los niños tengan la oportunidad de practicar deporte y formen parte del equipo sin pensar en su capacidad, sólo en sus ganas de participar y motivarlos para seguir estimulando su cuerpo en forma sana.

El médico del deporte Manuel Loza asegura que en México:

▶ El 50% de los niños no hace suficiente ejercicio para desarrollar corazón y pulmones saludables.

▶ El 30% de los niños entre cinco y ocho años de edad, desarrolla problemas de sobrepeso y tiene colesterol alto, presión sanguínea elevada y otros factores de riesgo cardiaco.

Hacia los nueve años, los niños en escuelas tradicionales empiezan a abandonar los deportes organizados. Para los 13, casi todos los niños, y aún más las niñas, ya no practican ningún deporte organizado, ni siquiera otro tipo de actividad física con regularidad. Esto no es reflejo de falta de interés, sino de un instinto básico de la supervivencia, ya que están en la edad en donde el amor propio empieza a desarrollarse, y los niños no están dispuestos a arriesgarlo iniciando una nueva actividad física. Cuando el riesgo del rechazo y el fracaso se elimine, los niños incrementarán su interés por el deporte y responderán con entusiasmo.

Diferencias entre juego y deporte	
Juego	Deporte
▶ Libre, creativo y espontáneo	▶ Reglamentado y programado

▶ Reglas simples, propias de los niños	▶ Reglas estrictas
▶ Ejercita destrezas básicas	▶ Ejercita técnicas y tácticas
▶ Contenido lúdico	▶ Contenido competitivo
▶ Provoca placer y alegría	▶ Provoca placer o disgusto, tensión y estrés
▶ Sin público, sin padres	▶ Con público
▶ No hay compromisos ni responsabilidades	▶ Tiene compromisos
▶ Es igualitario: pueden jugarlo altos, bajos, flacos, gordos, etcétera	▶ Es relativo y compiten los más aptos

Fuente: www.elentrenador.com

Preguntas

Todos los padres de familia deseamos tener hijos sanos, bien alimentados, que lean, les guste el estudio y, de ser posible, brillen en algún deporte. Sin embargo, muchos depositamos en ellos la esperanza de que sean lo que nosotros quisimos ser y que hagan todo lo que no hicimos. Analicemos:

1. ¿Nos hemos puesto a pensar en lo importante que es que los niños realicen alguna actividad física para su propio beneficio?
2. ¿Qué esperamos de los resultados de sus actividades físicas, que sea un campeón, que aprenda a ejercitar su cuerpo como disciplina o mantenerlo ocupado algunas tardes a la semana?
3. Como padres de familia, ¿estimulamos el buen desempeño físico del niño con el ejemplo, o le exigimos que alcance lo que nosotros no somos capaces de hacer?
4. ¿Cuidamos nuestro propio cuerpo y nuestra salud con una buena alimentación, ejercicio regular y tiempo de descanso?
5. ¿Hemos transmitido a nuestros hijos amor y respeto por su cuerpo?
6. ¿Les ofrecemos actividades físicas que a nosotros nos hubiera gustado practicar, las que están de moda o dejamos que ellos las seleccionen?

Capítulo dos

La lectura como base

"¿Quién de nuestra generación (habla una mujer de 40 años) no sufrió el sopor de las clases de lectura, la inutilidad de los libros de texto y la presencia de un no menos inútil profesor que intentaba introducirnos a los libros de cuentos que decían algo así como: 'la mamá de Juanito ama a María y tiene dos perros y dos gatos. Juanito y María son hermanos...'", recuerda Elena Meza, mamá de Jimena y Alondra, de nueve y siete años de edad.

Yo no recuerdo tan a detalle mis libros de lectura de primaria, pero tengo muy presente que, a quienes les gustaba leer, siempre eran considerados por el resto de los compañeros como "ratones de biblioteca". Las visitas a los libros, más que por gusto, se hacían por obligación para resolver alguna tarea. De hecho, no me acuerdo de que hubiera libros para niños. En secundaria ya se leía un poco más, básicamente libros de aventuras; en preparatoria, los adolescentes estábamos más preocupados por el novio que por la literatura, y en la universidad sí había que leer, y mucho.

Pero los tiempos cambiaron y hoy en día existen especialistas en literatura infantil preocupados por hacer de la lectura una actividad amena y placentera, de otorgarle un sentido a los libros y, sobre todo, de separar "aprendiendo a leer" de "introducción a la lectura".

Gabriela Pérez imparte talleres de promoción a la lectura infantil y afirma que es importante hacer de la lectura una actividad compartida, donde el niño viva y se desenvuelva en un ambiente lector. Esto significa que el pequeño vea que los libros se usan y se leen con interés en su casa. "Al ir acostumbrando al niño a relacionarse con los libros tal y como se relaciona con sus juguetes, le resultarán más atractivos y le llamarán la atención. Lo importante es lograr que haga la asociación entre el libro y un verdadero momento de esparcimiento".

Sin embargo, hay que reconocer que no basta con tener libros en casa y contemplar la cumbre de las estanterías. Cuando los niños son pequeños, lo más importante es la relación que se establece entre nosotros, como padres que les leemos cuentos, y ellos, que nos escuchan. "Entre el personaje del cuento y el entorno reflejado en el libro radica una relación que tiene una importancia capital, psicológica y social", expone Pérez.

Desafortunadamente, no hay recetas ni esquemas para lograr que los niños lean de la noche a la mañana y establezcan un estrecho vínculo emocional, intelectual y lúdico con la lectura. Lograr tal conquista es posible, por supuesto, pero siempre a mediano o largo plazo, con esfuerzo y persistencia. Para alcanzar el triunfo, se requiere estudiar y analizar los casos de forma individual, sin olvidar que cada niño es distinto y que es necesario diseñar una

> No hay recetas ni esquemas para lograr que los
> niños lean de la noche a la mañana y establezcan
> un estrecho vínculo emocional, intelectual y
> lúdico con la lectura

táctica específica en el hogar para persuadirlo de que leer es algo no sólo útil, sino entretenido y hermoso.

Al respecto, el doctor Glen Doman (*Cómo enseñar a leer a su bebé*), quien ha trabajado por más de 30 años enseñando a leer a niños con lesión cerebral, señala que la inteligencia del hombre está limitada a la información que puede obtener del mundo a través de sus sentidos receptivos. La más alta capacidad receptiva es la de leer. La falta de lectura y la falta de inteligencia van de la mano, tanto en los individuos como en las naciones.

Doman desarrolló un método para enseñar a leer a los bebés:

> El mejor momento para empezar es durante el primer año de vida del niño. De hecho, el proceso de enseñar a leer al bebé puede iniciarse desde el nacimiento. La norma principal es que tanto los padres como los hijos deben abordar el aprendizaje de la lectura con la alegría que implica un juego tan grandioso. Los padres nunca deben olvidar que aprender es el juego más emocionante de la vida y no un trabajo. Aprender es una recompensa, no un castigo. Aprender es un placer, no una obligación. Aprender es un privilegio, no una desgracia.

Melisa Perdomo, mamá de los cuates Melisa y José de 10 años de edad, confiesa que ya no sabe qué hacer para que sus hijos lean.

"Los veo mirando televisión, jugando con la pelota, peleando entre ellos y hasta hablando por teléfono. Pero nunca los veo tomar un libro y leer. La afición a leer, que los padres valoramos tanto, parece ser lo que menos les interesa a los chicos. Siempre mi primer impulso es echarles pleito, pero tampoco funciona. Creo que debe haber otros procedimientos, más lentos, pero más efectivos", afirma.

Lo primero que como padres debemos preguntarnos es qué tipo de lectura queremos fomentar en nuestros hijos: deseamos que lean de manera libre y espontánea o que lean específicamente a modo de aprendizaje.

Eveline Charmeux, en su obra *Cómo fomentar los hábitos de lectura*, distingue dos clases de lectura: la funcional y la lectura de placer. Mediante la primera, los lectores obtienen información, solventan situaciones. Es la lectura necesaria para resolver un problema, para conocer las reglas de un juego o un deporte, para saber cómo se ensambla una máquina. En la segunda, se lee para divertirse, para pasar el rato, para explorar nuevos mundos. Es el tipo de lectura en la que el lector se deja llevar por las palabras, sin ningún otro propósito más que el placer puro de leer.

Casi todos los padres de familia deseamos que nuestros hijos lean por el placer de hacerlo. Damos por sentado que el otro aprendizaje, el disciplinario, es casi responsabilidad absoluta de la escuela. Pero es importante reiterar que jugamos un papel fundamental en la creación y consolidación de este hábito. Es ineficaz plantearlo como una actividad de estudio, como plantearíamos, por ejemplo, la hora de hacer la tarea.

Para que nuestros hijos no acaben odiando la lectura, lo más importante es la manera como los introducimos en ella. Y si lo hacemos con una fuerte connotación emocional —es decir, si establecemos un verdadero compromiso en esa actividad—, el niño responderá de manera natural a ello. Asimismo, el éxito también depende de cómo aderecemos nuestro trabajo y, en este caso, ello tiene que ver con el tipo de libros que demos a los niños.

De acuerdo con la pedagoga y educadora Patricia Gaxiola, los bebés y los pequeños de hasta cuatro años de edad adoran los libros de animales y los que reflejan la vida cotidiana de un niño. A esa edad quieren que sus padres lean algo para ellos y puedan convertirse en actores de la historia que están escuchando. Les gustan mucho las rimas y gustosos las repiten.

A los cinco años es importante que papá o mamá les narren los cuentos tradicionales, pero si queremos acercarlos aún más a los libros, es una buena idea comprar una bonita edición ilustrada de los clásicos cuentos de hadas. Sí, esos que todos nos sabemos: *Cenicienta, Caperucita Roja, Pulgarcito,* etcétera. No son cuentos pasados de moda y a los niños les siguen y seguirán gustando. Si en lugar de contárselos se le leen, el niño descubrirá que esas historias están plasmadas en un libro que podrá ver, hojear y hasta leer algunas palabras cuantas veces quiera.

> *Aprender también es el juego más fabuloso de la vida, el más divertido.*
>
> DOMAN

De los siete a los nueve años el niño generalmente ya sabe leer. Una recomendación es comprarle libros de animales y cuentos cortos que contengan muchas ilustraciones. También es importante buscar un momento, si es posible una vez al día, para leer con el menor sus cuentos o novelas preferidas. Durante esta etapa el niño establece una relación íntima con su libro.

De los 10 a los 13 años les gustan las historias de aventuras, se identifican con personajes grandiosos y también les gustan los libros con humor. Hay mucha literatura actual para niños de esta edad. Cabe señalar que si al niño le gustan las revistas de deportes, chismes, juegos, etcétera, ¿qué importa? Hay que permitirle que las lea, lo importante es que lo haga. Muchas veces las mamás se agobian por esto, pero deben tomar en cuenta que ya habrá mucho tiempo para introducirlo al mundo de las grandes creaciones literarias.

Lucía, mi hija, es amante de la lectura. Curiosamente yo nunca le leí cuando era pequeña. Sabía que era importante hacerlo por la relación tan íntima que se establece con el niño en el momento de la lectura, pero siempre tuve pretextos para no hacerlo. El principal motivo fue mi resistencia a echarme encima un compromiso más todas las noches: leer a los hijos. Ahora me arrepiento de no haberlo hecho, pero no porque a mis hijos no les guste leer, al contrario, los dos leen con mucho gusto, sino porque creo que la lectura en voz alta es un momento mágico que se comparte con los niños.

Una de las satisfacciones más grandes que he tenido como mamá se presentó cuando llegó a México la fiebre por la película de Harry Potter. Recuerdo que mi hija me dijo: "Ma, yo no quiero ir a verla porque prefiero seguir imaginando a los personajes". La contundencia de su afirmación me hizo pensar que para la niña realmente los libros tenían un significado maravilloso.

Finalmente vimos la película, pero a regañadientes y sólo cuando Lucía terminó de leer la hoja final del último libro —son varios tomos.

La gran acción que podemos ejercer sobre los niños tiene como medio el ambiente; porque el niño lo absorbe, todo lo toma de ahí.

MONTESSORI

Con Daniel mi experiencia ha sido distinta. Sí le gustan los libros, pero tampoco enloquece por ellos. Prefiere las revistas de cine y todo aquel material que contenga mapas, calles, rutas. El libro que más le ha interesado es uno que no sé de dónde sacó sobre el programa de televisión *El chavo del ocho*. Pero cuando en la escuela le dijeron que debía leer Harry Potter en inglés me dijo: "Mamá, ni loco voy a leer eso. Harry Potter no me interesa y menos en inglés".

Daniel y Lucía viven en la misma casa, con los mismos padres, tienen el mismo panorama cotidiano, acceso a los mismos libros, y son totalmente distintos respecto a sus gustos por la lectura. Hecho que refuerza la teoría de que no hay dos niños iguales.

El hábito hace al lector

La lectura es como cualquier otra habilidad, cuanto más se practique mejor nivel se alcanza, se logra mejor entendimiento del mundo que nos rodea y se adquiere mayor rapidez, más vocabulario y mejor ortografía. Asimismo, el libro y los textos en general, tienen la capacidad de mejorar el pensamiento abstracto. Si no se tiene éste, no se pueden entender muchas cosas. El empleo de otros medios de comunicación como la expresión oral y escrita, e incluso el manejo de la computadora, no alcanzan niveles óptimos sin la habilidad de la lectura.

Pilar Baptista, directora de Centros de Aprendizaje Future Kids, afirma que existe la preocupación de muchos padres de familia y maestros sobre el pobre hábito de la lectura entre los niños. O para decirlo con más precisión: de la no lectura.

"Mis hijos no leen —dicen muchas mamás— pero se la pasan viendo televisión". Profesores de preparatoria y de universidad comentan que después de aplicar un examen donde el estudiante tenga que escribir algunas líneas, los alumnos no tienen idea de lo que es una frase completa. Y tienen razón en estar preocupados. El nivel de alfabetismo de una persona determina su desempeño posterior en actividades que requieren del uso e interpretación del lenguaje. Sin embargo, los padres de los estudiantes de primaria, por lo general, no comparten esta preocupación. Al contrario, muchos piensan que ahora los niños leen mejor y más pronto, y que las escuelas están haciendo una gran labor al introducir acti-

> Para que nuestros hijos no acaben odiando la lectura, lo más importante es la manera como los introducimos en ella

vidades de lectura. "¿Quién tiene la razón?", se pregunta Baptista: ambas partes.

Desde el punto de vista de Felipe Garrido, escritor y formador de lectores desde hace más de 20 años, hay que establecer una distinción entre alfabetización y formación de lectores. En el artículo "Formar lectores, un fracaso", señala que: "Nuestro sistema educativo ha tenido un gran éxito en lo que se refiere a la alfabetización pero no para formar lectores. Creo que el mayor problema no es que la gente no lea, aun cuando ése es un problema muy grave, sino que la población universitaria no tenga el hábito de la lectura, que los egresados de las universidades sean malos lectores. Ése es el gran problema porque en esa población ha habido una enorme inversión económica del Estado, de las instituciones, de la familia, de los propios sujetos, y el resultado está muy por debajo del que podía obtenerse. Estamos hablando de más de 20 años de contacto directo con los libros todos los días y después de ese tiempo, resulta que no nos hemos aficionado a leer, leemos sólo lo indispensable. Otro problema central y que me parece es un reto al que no le hemos dado toda la importancia debida, es la comprensión de lo leído. Si no hay comprensión, no hay lectura; si alguien lee un texto, se supone que lo está entendiendo. Cuando no entendemos lo que leemos estamos frente a una simulación de lectura. Nuestro sistema educativo, en general, refuerza la costumbre de simular la lectura y eso comienza desde que empezamos a leer, le concedemos más importancia a factores muy mecánicos de la lectura como son una correcta postura o una buena dicción, sin embargo, se deja de lado el buen aprendizaje de la lectura".

Alma del Campo, mamá de Jorge, de 11 años de edad, y Sandra, de ocho, comenta que en la escuela de sus hijos existen bibliotecas ambulantes, que son los acervos de libros con que cuenta cada salón y se forman con los textos que los alumnos llevan.

"De repente llega mi hijo de 11 años con el libro *Mujercitas*, obviamente no lo leyó debido a que no le interesó en lo más mínimo. La maestra les impone lo que deben leer cada mes, pero no existe ningún criterio para solicitar los libros a los niños y menos aún para que los chicos los lean. Imagínate a un niño de siete años leyendo *La Odisea*. Eso es absurdo".

"En la escuela de mis hijos cada dos meses hay un reconocimiento para el niño que lea el mayor número de páginas. Esto es aberrante, por lo menos para mí, porque creo que la lectura se convierte en una obligación y en competencia. Además, es muy poco objetivo ese criterio de contar páginas porque a los niños de las edades de mis hijos, de nueve y 11 años, todavía les atraen los libros con ilustraciones, entonces ¿cómo se toman en cuenta esas páginas? Creo que falta una dirección en esta campaña de promover la lectura entre los niños", afirma María José Romero, mamá de Viridiana y Alejandro.

Lamentablemente, y por lo general, la biblioteca de la escuela ha quedado relegada, en el mejor de los casos, a una única función: la de poner su espacio y sus colecciones al servicio de los deberes escolares señalados por los profesores a los estudiantes.

ANDRICAÍN

En la escuela de Lucía y Daniel también opera el criterio de premiar al niño que lea más páginas. Definitivamente no lo comparto, porque por competir existe lo que Garrido llama "simulación de lectura". Los niños leen y no entienden absolutamente nada.

A Lucía nunca le han dado un reconocimiento. En primer lugar, porque ella nunca cuenta las páginas que lee y, en segundo, porque a sus nueve años ya critica ese enfoque y me dice: "Mamá, por qué tienen que premiar a los niños por leer y por imaginar".

De acuerdo con Marina Rojo, promotora de lectura infantil, tanto el dominio eficiente de la lectura como el gusto por la literatura son parte de las cualidades que deben desarrollarse en los niños. En ambos aspectos, la educación y la formación que reciben los chicos de hoy en el hogar, la escuela o el medio social son, a primera vista, muy deficientes, y el sistema de comunicación actual —incluyendo la televisión e Internet— conduce a que la lectura pierda importancia y que la literatura vaya pasando a un lugar secundario entre las formas de recreación del individuo.

En su artículo "Un viaje para compartir: la lectura", Martha C. Hano Díaz afirma que: "Si los adultos descubrimos que la lectura es una actividad gozosa podremos transmitir a nuestros hijos ese placer, que no se enseña, sino que se contagia como todas las aficiones. Es necesario comunicar el gusto por leer con el ejemplo: leyendo. Es preciso que nuestros hijos nos vean con un libro para que comprueben que encontramos gozo en la lectura. Si los adultos leen, como consecuencia habrá libros en casa, se hablará de ellos y nuestros hijos tendrán una gama de elección que les facilitará la incursión en el mundo fantástico y misterioso de la lectura".

La doctora Baptista explica los niveles de lectura para las diferentes edades.

> Se puede acudir a la lectura aprendida durante la adolescencia en todos los momentos de la vida: cuando hayamos sufrido una pérdida, un hecho luctuoso, una enfermedad, una crisis emocional, el desempleo, una pena de amor, todos aquellos eventos en general que nos afectan negativamente y nos obligan a reconstruirnos.
>
> MARÍN

La etapa de prelectura, entre los cuatro y los cinco años, es la edad en la que los niños escuchan y comprenden historias. Desarrollan un vocabulario. Si se les solicita, pueden mencionar palabras que empiecen con la misma sílaba como mariposa, marino, maceta. Conocen el alfabeto, saben que las letras representan palabras y conceptos. Pueden escribir su nombre y reconocer algunas palabras impresas.

La etapa de iniciación a la lectura, de los seis a los siete años, es cuando los chicos reconocen todas las letras y sus sonidos. Aprenden a formar sílabas comunes; reconocen palabras con más rapidez; aprenden a deletrear palabras simples correctamente. Captan la idea principal y los detalles de una historia.

La etapa de lector con fluidez, entre los ocho y los nueve años, es el periodo en el que usan y aplican las habilidades de decodificación aprendidas en las etapas previas. Pueden leer de corrido en voz alta. Empieza el uso del diccionario y los chicos son capaces de escribir pequeñas historias.

El lector con propósito se da entre los 11 y los 15 años. Durante esta etapa hay un uso automático de todas las habilidades aprendidas. Pueden analizar significados de las palabras, reconocer raíces de los estilos, sintaxis y gramática de manera correcta. Usan libros para recabar todo tipo de información. Pueden tomar notas y organizar la información en tablas de contenido, mapas, índices, notas, pies de página, etcétera. Distinguen entre diferentes tipos de texto.

Todos a leer

"Cuando mi hijo Alexis, de 14 años, me informó que había reprobado el examen de Biología, me sorprendí mucho. El niño no era el mejor estudiante, pero siempre pasaba sus materias. Aquel día le pregunté qué era lo que había pasado y no supo qué contestar. Al poco tiempo descubrí que su falla había sido no leer las instrucciones del examen. La razón: 'qué flojera leer'", expone Angélica Reynoso.

De acuerdo con el investigador de la Universidad Pedagógica Nacional, Álvaro Marín Marín, y lo expuesto en su artículo "Propuesta de modelo didáctico para el fomento a la lectura recreativa en la secundaria", parte del llamado fracaso escolar se evitaría si los estudiantes se acostumbraran a leer cualquier tipo de escrito, desde los meramente recreativos, como las revistas de deportes para los muchachos o las novelitas románticas para las niñas, hasta libros serios y de mucha importancia cultural.

> La actividad lectora debe ser totalmente gratuita para que sea placentera para los jóvenes, ya que si se convierte en otro elemento de evaluación y control, pierde sentido para los muchachos. Se debe leer por leer, leer porque sí, leer porque gusta.

A Norma Rosas le da lo mismo si sus hijos, de 12, nueve y siete años de edad, leen o no.

"Bastante tarea les dejan en la escuela como para obligarlos a leer. Además, ahora con las computadoras e Internet, ¿para qué gastar en libros? Me parece un poco caduco buscar información en libros y bibliotecas si ya tienes una computadora en casa", afirma.

Ciertamente, con la llegada de Internet a las casas, se pensó que los libros caerían en desuso en un futuro cercano. Sin embargo, no ha sido así. Recuerdo cuando llegaron a nuestros hogares las videocaseteras. Todos estábamos engolosinados con ellas y los

Es necesario comunicar el gusto por leer con el ejemplo: leyendo

más conocedores aseguraban que el cine tendía a desaparecer. No fue así. Los cines han cobrado una fuerza espectacular e ir a ellos es una experiencia que no se compara ni con la comodidad de ver una película en nuestras casas. Pienso que va a suceder lo mismo con las computadoras.

El hecho de que se promueva poco la lectura en casa es, sin duda, un factor que influye mucho en la falta de acercamiento de los niños a los libros. Los autores especializados en la materia afirman que introducir al pequeño al mundo del libro es tarea de la familia. No obstante, las escuelas poco ayudan: les premian el número de páginas leídas, pero no promueven nunca la reflexión sobre lo que leyeron.

Otra razón es la falta de bibliotecas infantiles y los precios tan altos de los libros. Los expertos tampoco toman en cuenta que muchos padres de familia están demasiado ocupados trabajando y no tienen tiempo para exhortar a sus hijos a que lean. Asimismo, hay que competir contra toda la cultura de la televisión y los videojuegos tan de moda hasta entre los chicos menores de seis años.

Por supuesto, no soy una detractora del hábito de la lectura en los niños. Al contrario. Mis hijos leen, Guillermo, mi esposo, lee todo el tiempo y yo trabajo con los libros. Pero pienso que no es tan fácil decir "¡todos a leer!", y en un parpadeo tendremos a miles de niños sentados leyendo. Los testimonios de muchas mamás lo confirman.

"Llego a las seis de la tarde del trabajo, reviso tareas, superviso el baño de mis hijos y preparo la cena. Para entonces son las nueve de la noche. Me siento con ellos y trato de que lean pero se resisten. Ellos también llegan muy cansados de la escuela y no tienen ganas de leer. Cuando eran pequeños les leía, pero ya son mayores y he dejado de hacerlo. Ciertamente, en mi casa no hay muchos libros ni los niños me ven leyendo, pero, por favor dime, ¿a qué hora leo?", expone Claudia Arias, mamá de Javier, de 10 años de edad, y Carlos, de siete años.

> No se trata de que los padres culpemos a las escuelas ni de que éstas nos acusen de ser causantes de que los niños no lean por falta de buenos ejemplos. Se trata de hacer equipo juntos

"Por más que trato de que los niños lean, simplemente se niegan", declaran algunas. "A mi hija, quien siempre lleva su libro a la escuela, los niños la critican y le dicen que parece un "ratón de biblioteca" y que sólo le faltan los anteojos", aseguran algunas más.

Todos los testimonios coinciden en reconocer la importancia de la lectura, pero también están de acuerdo en lo difícil que es la tarea de que los niños usen sus ratos libres para leer, y en lo poco que ayudan las escuelas en la formación de niños lectores.

No se trata de que los padres culpemos a las escuelas ni de que éstas nos acusen de ser causantes de que los niños no lean por falta de buenos ejemplos. Se trata de hacer equipo juntos, familia y escuela, despertemos en los niños el interés por la lectura. Definitivamente, la casa es la primera puerta que hay que abrir.

Daniel Goldin, editor de libros infantiles, afirma que "desafortunadamente, la mayoría de los padres de familia deposita todas las expectativas de educación existentes en la escuela, pero muchas veces éstas no son capaces de satisfacer plenamente dichas expectativas. Si un padre quiere que su hijo se acerque a los libros tiene que empezar por fomentarlo en casa; por lo general, no es así. El niño entra por primera vez en contacto con los libros cuando llega a la escuela. Ahí se le empiezan a imponer hábitos como son la lectura para estudiar, para responder las preguntas del maestro o para que el niño memorice".

Es un difícil compromiso para nosotros los padres, leer con los chicos. A veces nos desesperamos con ellos y con nosotros, cada uno interpreta los libros a su manera o simplemente no logramos que el niño se concentre e interese.

Lo que es una realidad es que, si se fomenta la lectura en casa y en la escuela, se despierta el gusto por el conocimiento, el análisis y la comprensión crítica del mundo. "Leer —afirma Daniel Goldin— es analizar, saber pensar, aprender a redactar, saber expresarse, saber comprender al otro, saber escuchar. Fomentar la lectura facilita, tanto a los papás como a los maestros, la titánica tarea de la educación".

En busca de lectores

"¿Qué debo hacer para que mi hijo lea?", se preguntan muchas mamás amantes del buen hábito de la lectura.

Pilar Baptista señala que se debe reconocer que los niños tienen progresos en cuanto al hábito de la lectura durante los primeros años de la enseñanza primaria. El problema se presenta cuando queremos que nuestros hijos alcancen el nivel de un "lector con propósito". Las habilidades de comprender el significado de las palabras, de utilizar correctamente la sintaxis y la gramática, de recabar información y organizarla, son las mismas habilidades que se requerirán para solucionar problemas complejos en un determinado puesto o profesión. "Ser alfabetizados no es sólo saber leer y escribir, sino seguir leyendo, y para ello debemos procurar una cultura del libro no como obligación, sino como una actividad verdaderamente placentera".

> *Queremos tener lectores en todo el País no para que sean escritores, sino para que nadie sea esclavo, ésa es una razón.*
>
> Garrido

Los especialistas en educación aseguran que los años más importantes para la formación de niños lectores son los primeros tres o cuatro, durante ese tiempo lo que hemos hecho es dejarlos que vean televisión sin parar y no les hemos enseñado que existen los libros. Sería importantísimo que tuvieran la misma exposición a los libros que tienen con la televisión. Deberían estar en contacto con ellos desde el principio de sus vidas.

Eduardo Romo, promotor de libros infantiles, afirma que a cualquier edad los niños disfrutan del poder de las palabras. Por eso, es importante que los papás lean, que propongan un horario para hacerlo, ya sea en voz alta o cada cual con su propio libro y en su espacio. También se puede asignar al pequeño una cantidad de dinero para que sea éste quien compre sus propios libros. Hay que dejarlo leer los temas que le interesan. Puede comprar revistas o una suscripción a alguna que le atraiga.

Algunas recomendaciones de los promotores de la lectura

- Crear en casa un ambiente de lectura. Ver al padre o a la madre con un libro o un periódico en las manos se convierte en una referencia importante del propio comportamiento. Suponer, además, que en la familia hay ratos dedicados a la lectura a los que los hijos se pueden sumar.
- Hablar sobre libros. Oír cómo se comenta el interés —o incluso el aburrimiento— que suscita el libro que tenemos en las manos.
- Leer los libros apropiados para los hijos. Acercarse a la inmensa oferta actual de libros infantiles y compartirlos con los hijos va a suponer para muchos padres el descubrimiento de una litera-

tura rica y variada, que proporciona momentos de conversación e intercambio con los niños.

- Buscar entre esta oferta temas que conecten con sus aficiones. Hay libros infantiles sobre muchos campos y dirigidos a mentalidades y edades variadas.
- Convertir la televisión en una aliada, no en un enemigo. Si la pequeña pantalla es lo que realmente engancha al niño, hay que fijarse en sus programas y películas preferidos y tratar de buscar libros relacionados con su pasión. Tenemos ya garantizado un mínimo de interés.
- Incluir en las salidas de compras una vuelta por una buena librería. Aunque no se compre nada, es bueno ver las novedades, o qué hay sobre un autor o un tema que podría interesar.
- Tratar de averiguar qué tipo de lector es nuestro hijo y respetar sus ritmos. Hay lectores compulsivos, que no paran hasta que terminan el libro. Hay lectores a quienes les gusta releer el mismo libro y los hay ávidos de novedades. Darle un margen a su manera de leer contribuye a consolidar el hábito.
- No empeñarse en que al niño le guste lo mismo que a los padres. Hay que recordar que se está forjando su gusto por la lectura, no el de papá y mamá. Y hay que saber esperar para dar los libros adecuados en el momento oportuno.
- No hay que impacientarse si vemos que estas estrategias no funcionan a la primera. Justamente porque actúan de manera indirecta, a veces es

difícil que arraiguen desde el primer momento. A base de tantear, de descubrir sus aficiones y sus inquietudes, se puede ir marcando la línea por la que va a desarrollar este hábito de manera efectiva y, sobre todo, afectiva.

Fuente: Ana Díaz-Plaja Taboada, profesora de Ciencias de la Educación, www.solohijos.com

Los padres de familia soñamos con que nuestros hijos lean los grandes clásicos de la literatura; los conocedores afirman que es un error. Ellos pueden empezar leyendo tiras cómicas, historias, biografías escritas para niños. Pero lo más importante es lo que sucede después de la lectura, es decir, compartir con los hijos su opinión de la lectura, lo que entendieron. Esto fomenta la comprensión. ¿Para qué sirve que nuestro hijo lea 500 páginas al mes si no tiene la capacidad de reflexión sobre lo que ha leído? Hacer esto, además de fomentar la reflexión, nos permite estrechar nuestra relación con los pequeños.

Padres e hijos leyendo juntos: una de las mejores herramientas que podemos dar a los pequeños.

Cosas que podemos hacer

- Escoger un lugar especial para la lectura en casa. Un espacio que sea tranquilo, cómodo y, de ser posible, alejado de los distractores. También destinar un lugar para que los niños puedan tener sus propios libros y cuentos. Quizás poner un estante o tal vez una simple caja de cartón y sugerirles que decoren el área con sus dibujos e ilustraciones favoritas.

- Recordar que los libros son excelentes compañeros de viaje. Llevémoslos siempre con nosotros durante viajes especiales o cuando sepamos que tendremos que esperar. Por ejemplo, en las visitas al pediatra, al dentista, etcétera.
- Regalar o recibir libros les dice a los niños que los libros son algo especial.
- Animémoslos a que hagan sus propios libros usando fotografías, e incluso, sus propios dibujos. Hay que dejarlos inventar historias, cuentos. Cuando los terminen, leamos con ellos y señalemos las palabras nuevas.
- Los chicos aprenden por medio de la imitación. Compartamos con ellos un tiempo de lectura.
- No olvidemos que la lectura es un tiempo para compartir, para reír juntos y para aprender.

Preguntas

El mundo de los libros es uno de los mayores tesoros que podemos transferir a nuestros hijos. Pero, preguntémonos si realmente nos gusta leer y somos capaces de transmitirles la riqueza que pueden encontrar en los libros.

1. ¿Leíamos a nuestros hijos cuando eran pequeños? ¿Les seguimos leyendo ahora que son mayores?

2. ¿Nos hemos sentado junto a ellos a que nos lean? ¿Podríamos responder un cuestionario sobre los hábitos de lectura del niño?

3. ¿Qué valores les transmitimos respecto a los libros?

4. Nosotros mismos, ¿qué tipo de relación guardamos con la lectura?

5. ¿Mostramos a nuestros hijos lo mucho que nos gusta leer? ¿Les preguntamos qué opinan del libro o texto que estén leyendo? ¿Les preguntamos acerca de las lecturas que realizan en la escuela?

6. ¿Los llevamos con nosotros a librerías? ¿Sabemos cuántas hay dedicadas a los libros infantiles en nuestra ciudad? ¿Sabemos qué colecciones existen, o simplemente nos dejamos llevar por lo que están leyendo los demás?

Capítulo tres

Música y pintura: compañeros entrañables

La música: alimento del alma

"Después de los bombardeos de que fueron blanco las ciudades japonesas de Hiroshima y Nagasaki, Tokio, la capital del país, también fue bombardeada. Cuando el emperador Hirohito declaró que el país perdía la guerra, familias enteras abandonaron la ciudad y se fueron al campo. La nuestra entre ellas. Sin embargo, días después regresamos a lo que quedaba de nuestra casa en busca de alimento. No encontramos nada. Todo estaba en ruinas. Recuerdo que mi padre había construido un refugio subterráneo donde quedaron solamente unas sillas, un viejo fonógrafo y una colección de discos de música clásica. Ahí, en medio de las paredes derrumbadas y nubes de humo en que estaba convertido nuestro hogar, nos sentamos. Mi padre le dio cuerda al fonógrafo y empezamos a escuchar a Mozart. Así, mientras mi país se desgarraba por los efectos de la bomba atómica, yo descubría que el mejor alimento que pudimos haber encontrado era la música, porque nutría el alma. Ése es el recuerdo que tengo de mi primer contacto con la música", comenta la maestra japonesa de violín Yuriko Kuronuma, quien llegó a México hace más de 25 años y ha dedicado parte importante de su vida a la educación musical de los niños inscritos en su academia de violín.

Afortunadamente, a los padres de familia nadie tiene que convencernos de las bondades de la música y, menos aún, de la formación musical en los niños. Sin embargo, valdría la pena preguntarnos qué esperamos de ésta en el desarrollo de nuestros hijos. Por supuesto, no estoy proponiendo que todos convirtamos a nuestros hijos en músicos, pero sí que le demos a la música el lugar que merece.

La disposición de los niños frente a esta herramienta educativa dependerá, como todo en la educación, de la forma en que los involucremos y del tipo de relación que nosotros tengamos con ella.

"Mi esposo y yo llevamos a los niños a todo tipo de conciertos infantiles y espectáculos musicales que vemos anunciados. Mariana, de 12 años, es una fanática del ballet y forma parte del coro de su escuela. Sergio, de nueve años, estudia piano y desde los tres años toma clases de música", afirma Ivonne Morales. También para Mónica García, mamá de Paula y Tania, de nueve

> **Es de opinión general que para aprender a tocar un instrumento se necesita tiempo y disciplina. También pasión**

y siete años, las clases de música de las niñas son, después de la escuela, lo más importante.

"A las dos les gusta mucho su clase de piano. Saben que después de la tarea tienen que estudiar por lo menos 15 minutos al día. Ellas no lo ven como una imposición, sino como parte de sus deberes y lo gozan mucho".

Desde hace tiempo circula, en algunos institutos americanos y europeos de investigación, cierta información referente a la educación musical. Se afirma que los niños que escuchan música clásica —particularmente de Mozart— despliegan una serie de capacidades generales, especialmente de carácter cognoscitivo, con lo que la educación musical podría convertirse en un poderoso estímulo intelectual para su desarrollo infantil.

Según Alfred Tomatis, otorrinolaringólogo francés, hay varias maneras de probar las cualidades terapéuticas excepcionales de la música de Mozart y sus efectos neurofisiológicos en el cuerpo humano.

Por lo que respecta a la estética de las composiciones de Mozart, el doctor Tomatis expone:

Hay en todas sus frases, ritmos y secuencias una sensación de libertad y rectitud que nos permite respirar y pensar con facilidad. Nos transmite algo especial que pone en evidencia nuestro potencial creativo y nos hace sentir como si fuéramos los propios autores de lo que escuchamos. Nos hace creer que la frase musical se desarrolla de la única manera como podría desarrollarse. En sus obras reina un sentimiento de seguridad permanente. No hay momentos insólitos. Todo está perfectamente ligado. El pensamiento se desarrolla sin choques ni sorpresas. Mozart se vuelve así accesible a todos y jamás nos cansamos de escucharlo. Sentimos constantemente una felicidad y un sentimiento de perfección que no se encuentra en ningún otro compositor, por más alegre que éste sea. Mozart nos lleva a otro universo, nos hace resonar a través de nuestras fibras más sensibles. Gracias a su música podemos vibrar con nosotros mismos, tomar conciencia de nuestro ser.

¿Qué es el método Tomatis?

Es un entrenamiento de integración neurosensorial. El doctor Tomatis ha dedicado su vida al estudio de la función del oído en la percepción, comunicación y los múltiples problemas asociados a algún impedimento en la habilidad de escuchar. Su trabajo ha llevado al desarrollo de una nueva ciencia: la audiopsicofonología y a una innovación del concepto de **escucha.** Oír y escuchar son dos procesos diferentes. Oír es la percepción pasiva de los sonidos, mientras que escuchar es un acto voluntario que requiere del deseo de utilizar el oído para enfocar los sonidos seleccionados. Este método ejercita los músculos del oído medio llevándolos a un estado funcional óptimo y esto, a su vez, ayuda al cuerpo a sanarse a sí mismo.

El método Tomatis es sólo una herramienta usada para asistir a la persona a volver a ser lo que puede ser, a desarrollar todas sus potencialidades.

En algunos países de América Latina, incluido México, hay centros Tomatis donde los campos de aplicación son múltiples:

Problemas de aprendizaje: para hablar, leer y escribir es necesario saber separar y analizar los sonidos y reproducirlos a través de un oído libre de bloqueos.

Voz, música y canto: el método permite abrir el oído y posibilitar así el control de voz hablada y cantada en todos sus parámetros (impostación, timbre, volumen, afinación, pronunciación, etcétera).

Desarrollo personal: el método permite optimizar nuestro potencial. El oído, dinamizado por el oído electrónico, aporta la energía necesaria para alimentar el pensamiento, la reflexión, la creatividad y procura una calma intelectual y física.

Embarazo: las futuras mamás, con energía renovada y al mismo tiempo relajadas, experimentarán el nacimiento de su hijo en armonía. Para sentirse en forma el cerebro debe ser estimulado. Usando el oído electrónico se activa la concentración, la creatividad y la energía.

Fuente: www.tomatis.cl/efecto_mozart.htm

Independientemente de los más novedosos estudios acerca de la relación entre el desarrollo del cerebro y la música, cuando nosotros animamos a nuestro hijo a cantar, a escuchar música o a tocar algún instrumento, lo que estamos haciendo es ayudarle a ejercitar y perfeccionar aspectos esenciales de su educación. El niño lo vivirá como un juego, una oportunidad para estar con sus amigos o una ocasión para mostrarnos lo que sabe hacer.

El desarrollo del cerebro del niño consiste en asegurarnos que nuestros hijos reciban la atención que necesitan en sus primeras experiencias.

THE DAILY PARENT

El problema es que para algunos padres, e incluso para algunos maestros, la música es una de las materias menos importantes del bloque de materias, junto con la pintura o las artes plásticas y la educación física. Incluso, cuando el chico no tiene buenas calificaciones en esta asignatura, los padres le dicen algo así como: "menos mal que los problemas son en música y no en Ciencias o en Matemáticas". ¿Cierto, no?

La maestra Kuronuma asegura que para aprender a tocar un instrumento se necesita tiempo y disciplina. Por eso es una lástima desaprovechar la infancia, la etapa donde los niños tienen tiempo libre y cuando su mente está abierta para aprender algo totalmente nuevo, como si fuera una hoja blanca en donde se puede dibujar o escribir con toda la facilidad y destreza. Además, la disciplina psicomotriz es una gran ayuda en el desarrollo mental de los niños, y el hecho de memorizar un lenguaje abstracto como la música (que no tiene palabras), los ayuda a ejercitarse para sus estudios futuros. Lo central es aprender a tener disciplina y constancia, alimentando el deseo de realizar algo concreto —como aprender a tocar el violín, por poner un ejemplo— desde los primeros años de la infancia. Y todavía más importante que todo eso, es sentir amor por la música.

Margarita Higareda, maestra de piano, afirma que uno de los mejores regalos que como padres podemos dar a nuestros hijos son clases de música: "La música permite a las personas expresar sus emociones y experimentar nuevas sensaciones. También les posibilita liberar energía en forma creativa y productiva; ganar confianza

> Las escuelas deberían considerar la música como herramienta para mejorar la habilidad de los alumnos en las áreas de matemáticas, ciencias y química, sugieren neurólogos

al coordinar la mente y el cuerpo; aprender a leer el mundo desde otra perspectiva y aprender sobre sí mismos y sus relaciones con otros. La posibilidad de alcanzar todo esto depende del estímulo que el niño reciba en la infancia".

Con Daniel cometimos el error de inscribirlo desde muy pequeño a clases de violín. Pero eso no habría sido obstáculo si el niño no tuviera problemas de atención. El maestro que tuvo no era muy paciente y eso contribuyó al fastidio del niño, de su mamá —o sea, yo— y del propio profesor. Por eso considero que es muy importante seleccionar con mucho cuidado a la persona que se encargará de la educación musical del niño, ya que su paciencia, método y forma de relacionarse con el pequeño son claves para que los niños se interesen, no solamente por tocar un instrumento, sino también por escuchar música.

Maestros y padres de familia que han optado por la formación musical de sus hijos, coinciden en afirmar que introducir a los chicos al mundo de la música desde los tres o cuatro años les ofrece muchos beneficios. No hay que ver la enseñanza musical como un complemento de su educación, sino como una manera eficaz de potenciar otras áreas del conocimiento. Por ejemplo, fomenta la capacidad de concentración y ayuda a mantener la atención. Incluso, ayuda a que el aprendizaje de otros idiomas sea más efectivo. La música debe ser mucho más que una simple afición, afirman.

Nutramos el cerebro de nuestros hijos

Recientemente, un equipo de fisiólogos, siquiatras y psicólogos reportó hallazgos de la relación entre la música y la inteligencia. Los investigadores aseguran que el entrenamiento musical de los niños —particularmente las lecciones de piano— les ayuda a alcanzar ciertas habilidades de manera muy superior a las que logran cuando se les enseña el uso de la computadora. La música les desarrolla las habilidades del pensamiento abstracto que se necesitan para las matemáticas y las ciencias.

Los descubrimientos, que se dieron a conocer en febrero de 1997 en la publicación *Investigación Neurológica*, fueron el resultado de dos años de trabajo con niños en edad preescolar, bajo la batuta de investigadores de la Universidad de Wisconsin, en Estados Unidos. El experimento incluía a tres grupos. Uno estaba formado por niños que recibieron clases de canto y piano; el segundo lo constituyeron niños que tomaban clases particulares de computación y el tercero era de niños sin ningún tipo de estudios extraescolares.

> *Las personas que mejor cuidan de los niños hacen mucho uso del lenguaje. Ellos leen, cantan y hablan con los niños. Esto es muy bueno para sus cerebros en crecimiento. Las células que se encuentran en el cerebro hacen conexiones para ayudar a que los niños aprendan a hablar bien.*
>
> DIANE BALES

Quienes tomaron clases de música calificaron 34% arriba en exámenes aplicados para medir sus destrezas espacio-temporales. Los resultados pueden servir de mucho para que las escuelas tomen en consideración a la música como herramienta para mejorar la habilidad de los alumnos en las áreas de Matemáticas, Ciencias y Química, afirman los neurólogos involucrados en la investigación.

En su artículo "Educación: militar o musical", el doctor José Espinel afirma que el oído es uno de los sentidos primarios y la investigación comprueba que el recién nacido puede reconocer ritmos y melodías escuchadas en el vientre materno. Se ha comprobado que los niños que reciben educación musical mejoran su inteligencia y la memoria; se autodisciplinan, fortalecen su autoestima y su

Actualmente se ha desarrollado la música intrauterina que tiene como objetivo estimular, a través del sonido y la vibración, a los bebés que están dentro del útero

capacidad de expresarse, capacidades que favorecen un mayor rendimiento escolar en relación con los que no la reciben.

"Las modernas técnicas que investigan la actividad cerebral en vivo ponen de manifiesto cómo la música estimula y dinamiza diversos territorios cerebrales. Ahora bien, este arte tiene efectos favorables sobre el individuo pero también en el ámbito social. Al cultivarla en grupos estimula la convivencia, la tolerancia, la solidaridad y refuerza el sentimiento de identidad nacional tan importante en estos tiempos de globalización", afirma el galeno.

"Mi hijo Jaime tiene una gran afición por la música, pero no creas que por la música clásica solamente. Le encantan todo tipo de ritmos e incluso es muy bueno para el baile. Lleva tres años estudiando piano y estoy convencida de que eso lo ha sensibilizado mucho. Muchas amigas, mamás de sus compañeros, lo critican porque dicen que parece un intelectual chiquito. No lo creo así. A los niños que les gusta la música, asisten a una fiesta infantil y gritan, y también son capaces de estar sentados contigo en la ópera o en un concierto. Muchos adultos no los ven con buenos ojos y dicen que son el equivalente de los "ratones de biblioteca" pero de la música", dice Gabriela Soler, mamá de Jaime, de 10 años de edad.

La Musicoterapia

En Francia, en 1789, el doctor Brocklesby se dedicó a realizar experimentos con niños intentando conocer el efecto que la música producía en ellos dependiendo de la melodía que escucharan. A partir de entonces, los fisiólogos descubrieron alguna relación entre los ritmos corporales y la música, el pulso y el tiempo musical, además de que observaron el efecto de la música sobre la respiración, la presión sanguínea y la digestión. Éstos y muchos trabajos realizados dieron origen a la Musicoterapia, que ha puesto de manifiesto la forma en que la música logra estados benéficos para el ser humano.

La Musicoterapia es la disciplina médica que utiliza todas las formas del sonido para la habilitación o rehabilitación del individuo, logrando con ello potenciar su desarrollo en el ámbito biológico, psicológico, social, intelectual y espiritual.

Los fisiólogos han descubierto que, debido a las ondas vibratorias, existen tonos musicales que llegan a diferentes partes del cuerpo. Por ejemplo, el tono "do" vibra directamente en los huesos, el nervio ciático y el bajo vientre; en cambio, el tono "fa" llega al corazón, a los pulmones y a la hipófisis. Por otro lado, también se ha descubierto que algunos tonos musicales producen, en la mayoría de las personas, sensación de paz, alegría, descanso, así como otros producen miedo, tristeza y nostalgia. Actualmente se ha desarrollado la música intrauterina que tiene como objetivo estimular, a través del sonido y la vibración, a los bebés. Los resultados son alentadores ya que mediante estudios longitudinales (estudios en los que las variables relativas a una persona o un grupo de personas se evalúan a lo largo de un periodo) se ha observado que, estos bebés al crecer, experimentan una mayor sensibilidad, un desarrollo notable de su capacidad intelectual, creativa e imaginativa y acercamiento profundo a la música, las artes plásticas, la arquitectura, la literatura, la poesía y la danza.

Fuente: Horacio Hernández Valencia, *La música y la salud*,
www.morgan.iia.unam.mx
Escuela Nacional de Estudios Profesionales, Iztacala.

La música puede enseñarse de diversas maneras. Tenemos escuelas que favorecen la enseñanza musical a través del juego y también las hay en las que los padres ocupan un papel importante para los avances del niño. Los conocedores recomiendan iniciar el aprendizaje musical desde los primeros meses de vida. Definitivamente no se trata de comprar un pequeño violín para que el niño lo toque, ni tampoco se pretende enseñar solfeo a un bebé de seis meses. Simplemente, hay que cantarles las canciones de cuna —que para algo se escribieron— y acompañarlas de caricias o abrazos. De esta manera el bebé identifica los sonidos musicales con el contacto físico de la persona a su cargo y ¿qué mejor entrada al mundo de la música que ésa? También se nos recomienda incluir varios sonidos en los juegos con el bebé: tocar el tambor, botar una pelota prestando atención al ruido que hace cuando golpea el suelo, así como juguetes musicales con melodías sencillas, son algunas actividades muy recomendables. Para que el niño aprenda a identificar la música, es necesario conseguir que asocie determinados sonidos con actividades concretas.

En entrevista con varias mamás, todas, sin excepción, afirmaron que lo mejor de los preescolares o guarderías a las que asisten sus hijos son las clases de música. "Lástima que cuando llegan a primaria, pasa a segundo plano", dice Marcela Morfín, mamá de Pablo y Daniela, de cuatro y dos años de edad.

"Todos los niños tienen talento"

Éste es el lema de uno de los métodos de enseñanza musical más difundidos en todo el planeta: el método Suzuki. Inventado por el japonés Shinichi Suzuki, que tiene como uno de sus pilares reforzar la perseverancia y el espíritu de la superación del niño.

"Cuando me percaté de que mi hijo no avanzaba en sus clases de guitarra decidí que no había nacido para eso y que lo mejor era dejar de presionarlo", dice Patricia Rendón, mamá de tres adolescentes y de Jesús, de 11 años. Esto es precisamente lo que no hay que hacer, nos diría Suzuki, pensar de esta manera nos lleva a privar al pequeño de todos los beneficios que nos ofrece la música.

El maestro Suzuki se dio cuenta de que todos los niños del mundo, aunque no obtuvieran buenas calificaciones en la escuela, hablaban su lengua materna con gran fluidez. Hablar y expresarse requiere una gran habilidad. Por lo tanto, ¿por qué un niño que habla correctamente su lengua no es capaz de seguir ciertas asignaturas de la escuela? La respuesta para él es muy sencilla: su capacidad no ha sido desarrollada plenamente. Desde entonces, empezó a analizar el proceso mediante el cual los niños aprendían a dominar su lengua materna y se dio cuenta de que siempre se siguen las mismas pautas.

Para que los niños sean creativos no es suficiente con esperar. (...) La creación no es un fenómeno biológico análogo a la puesta de un huevo.

LOURCAT

Ana Gari, psicóloga, expone:

> El niño se va acostumbrando a los sonidos del lenguaje por medio del ambiente que le rodea (oye hablar a sus padres, a sus abuelos, etcétera). Los padres intentan que aprenda palabras por medio de la repetición constante (por ejemplo, 'mamá' y 'papá'). A medida que el niño va hablando más y más, lo hace mejor, con construcciones correctas y la pronunciación cada vez más perfecta. Estas pautas son comunes en el aprendizaje primario de cualquier persona:

> ▶ Tener un ejemplo: un modelo para imitar.
> ▶ Tener la oportunidad: frecuencia y tiempo para practicar.
> ▶ Obtener reconocimiento: para motivarle.
> ▶ Repetir: para perfeccionar y mejorar.

Solamente hace falta llevar este método a la enseñanza de otras habilidades como la música. Y esto es justamente lo que hacen los profesores del método Suzuki

El método Suzuki concede una gran importancia al papel de los padres en el aprendizaje de su hijo. De hecho, se pide que cuando el niño es muy pequeño, el padre o la madre estén en la clase con su hijo y el profesor, formando de esta manera el llamado "Triángulo Suzuki". Esto es así porque nosotros, como padres, debemos motivar constantemente a nuestros hijos. Este método nos pide una dedicación continua y sistemática. Un alumno que empieza, debería tocar cada día acompañado de uno de sus padres durante 10 minutos aproximadamente. A medida que se hace mayor y se amplía su dominio musical, aumentará su capacidad de concentración y estará preparado para dedicar más tiempo a piezas cada vez más difíciles.

Con el método Suzuki se trabaja escuchando primero la pieza que se tiene que tocar. De esta manera el alumno ya tiene una idea previa de cómo tiene que sonar antes de tocarla. Podemos ayudarle haciendo que escuche música a menudo, por ejemplo, mientras vamos en el auto o cantando en casa la canción que está estudiando en aquel momento.

Los avances de los niños en materia musical son altamente notables cuando hay constancia, dedicación y disciplina en el estudio. Lo comprobé con Lucía. Ella tomó clases de piano en una de las escuelas de música más conocidas en América Latina: Yamaha, y en efecto, mi esposo o yo teníamos que tomar la clase junto con ella y todo su grupo, además de estudiar con la niña 10 o 15 minutos diariamente. Es un sistema muy demandante y nosotros claudicamos por falta de tiempo. El único día libre de mi hija era el sábado, entonces la inscribí ese día para la clase de piano. Funcionó dos años. Ella ya estaba un poco fastidiada de no poder hacer nada los fines de semana excepto ir a la clase. El señor Suzuki se enojaría conmigo si se enterara, pero en cuanto sentí que Lucía flaqueaba, lejos de estimularla para no renunciar, la animé a dejar Yamaha. Confieso que estoy arrepentida, probablemente mi hija tocaría hoy el piano mucho mejor de lo que lo hace.

Otra corriente dentro de la enseñanza de la música es el método de Carl Orff. Los instrumentos utilizados en este método no requieren una técnica especial (como el violín o el piano). Se trabaja con los pies, las manos, o con instrumentos básicos como el tambor o el triángulo. Se basa en los juegos de los niños y en aquello que ellos comprenden y utilizan normalmente. También se trabaja con canciones populares para que el niño practique con los elementos musicales más sencillos y posteriormente pueda aprender la teoría. El movimiento corporal es otro elemento muy importante dentro de esta escuela: caminar, saltar o trotar al ritmo de la música.

Sea una escuela u otra, un instrumento u otro, lo importante es enseñar a los niños lo placentero de la música. Asimismo, enseñarles que la música es una compañera permanente.

Yuriko Kuronuma afirma: "La música es mi mejor amiga: es una acompañante que me sigue con lealtad toda la vida, y cuya cercanía me llena de felicidad. La siento a mi lado en cualquier circunstancia de la vida, esté feliz y alegre o triste y desanimada".

Niños, ¡a pintar se ha dicho!

Como buenos padres modernos, ¿qué no hemos intentado para que nuestros hijos se desarrollen de manera equilibrada? Queremos que conozcan todo lo que el mundo les ofrece: música, pintura, libros, arte, etcétera. Sin embargo, en mi caso ha faltado la constancia. En cuanto Lucía y Daniel me ponen carita de "no quiero ir a la clase de pintura", inmediatamente los apoyo con el pretexto de "pobres niños, les dejan demasiada tarea y yo todavía los presiono con actividades extraescolares". Creo que lo mejor sería no estar inventándoles actividades que yo misma voy a boicotear después, cuando pienso en salir de casa para llevarlos a las mismas: el tráfico, la lluvia, la distancia, etcétera.

"Mamá, ¿para qué quieres inscribirme a clases de baile si me vas a sacar tan pronto?", me dijo Lucía. Claro que eso sucedió cuando todavía podía controlar un poco más sus vidas y su tiempo. Hoy, son ellos los que pelean su espacio y no aceptan, ni por equivocación, una actividad extraescolar más. Sin embargo, no dejo de reconocer que hay una serie de actividades infantiles que verdaderamente enriquecen la vida de nuestros hijos. Muchos afirman que las mamás de ahora no sabemos cómo deshacernos de los niños y por eso los llevamos de una actividad a otra. No estoy de acuerdo, creo que muchas pensamos en clases extraescolares debido a que los niños de ahora no pueden jugar de la misma forma en que nosotros lo hacíamos. Muchos de nosotros —y me refiero a padres cuyas edades oscilan entre los 30 y los 45 años— crecimos en las calles, en los parques. Podíamos andar en bicicleta sin temor a que nos atropellara un automóvil o a que algún pederasta nos llevara con él bajo el argumento de que nos regalaría un dulce.

"Me duele decirlo pero ni por error dejo a mis hijos ir al parque o jugar en la calle. Por eso siempre les estoy inventando actividades", expone Nora Salinas, mamá de Coral, de 11 años de edad, de Julieta, de nueve años, y de Tomás, de siete.

"Vivimos en un mundo muy inseguro. Yo cruzaba la calle sola desde los nueve años y ahora ni por equivocación dejaría a mis hijos que lo hicieran o ir a la tienda sin un acompañante adulto. Ni modo, este mundo les tocó a ellos y también nos afecta a nosotros porque nos cuesta más trabajo desprendernos de ellos", dice Teresa Aréchiga, mamá de Luis Enrique, de nueve años, y de Bernardo, de siete.

La gran oferta de ocupaciones vespertinas que se nos presenta para los niños es consecuencia de la situación por la que atraviesan nuestras grandes ciudades latinoamericanas. Pero no todas valen la pena. Ya se abordó la música. Ahora toca a la pintura, otra de las manifestaciones artísticas que verdaderamente son elementales para el desarrollo de los niños.

Actualmente, muchos expertos en este campo están de acuerdo en que explorar y crear con materiales de arte ayuda a los niños a tener más sensibilidad respecto al ambiente físico (por ejemplo, forma, tamaño, color); a fomentar el desarrollo cognitivo (por ejemplo, la toma de decisiones, la comunicación no verbal, la resolución de problemas), y a promover el desarrollo social y emocional (por ejemplo, el sentimiento de individualidad, la apreciación del trabajo de otros, compartir). Los niños pequeños que reciben estímulo para participar en actividades de arte expresivo también obtienen un mayor sentido de logro y se desarrollan con mayor independencia y autonomía.

> *Para que el arte infantil se dé en cualquiera de sus áreas, no es necesario que el niño posea habilidades especiales para su realización, sólo se requiere de un ambiente propicio, de materiales adecuados y de la no interferencia de los adultos.*
>
> KELLOGG

Carmen Gómez, pintora con más de 20 años de experiencia en el arte infantil afirma que el arte para el niño:

No es una representación objetiva de la realidad (como tampoco lo es para un verdadero artista) sino que es la representación inconsciente de las emociones que se presentan ante situaciones o experiencias con las cuales ha establecido relaciones más o menos sensibles. Así, los niños que hayan desarrollado su sensibilidad serán creativos y capaces de pintar todo lo que quieran, siempre y cuando esa experiencia haya tocado su lado sensible (al verla, vivirla, escucharla o percibirla) y, de esta manera, dispare su imaginación y fantasía.

"Me gusta mucho que mi hija Camila tome clases de pintura. Al principio, antes de formalizarlas, le gustaba mucho pintar, pero mezclaba pinturas de agua con colores de cera y siempre quedaba todo hecho un desastre. Desde chica mostró una gran afición. Incluso, hace muchos años coloqué un papel especial en las paredes de su habitación para que no las rayara y mejor pintara todo lo que quisiera sobre el papel. Es muy creativa. Mezcla los colores de manera adecuada y ha desarrollado una gran concentración. Creo que la pintura le ha ayudado mucho", comparte Mónica López, mamá de Camila de 11 años de edad, de María del Mar, de nueve años, y de Pablo, de cuatro.

El profesor Alfonso Padilla, especializado en la enseñanza de técnicas de pintura para niños, asegura que el arte ayuda a los chicos a desarrollar sus destrezas motoras y les permite relacionarse mejor con su entorno.

> La pintura también les sirve como un mecanismo de expresión de sus sentimientos. De ahí que los dibujos que el niño hace se utilicen incluso como herramienta de terapia psicológica. Muchas veces pueden emplearse para que el niño libere todo aquello que le hace daño, posteriormente sirven para que el terapeuta pueda analizar las causas de sus miedos y cómo éstos repercuten en su comportamiento.

"En efecto —expresa Norma Ponce, terapeuta infantil—, los niños hiperactivos suelen beneficiarse mucho con los cursos de pintura puesto que canalizan su energía y sus emociones a través del pincel, desarrollan sus destrezas motoras y ejercitan su creatividad. También amplían su capacidad visual y de observación".

Tanto por sus aplicaciones terapéuticas, como por sus posibilidades educativas, las clases de pintura resultan una excelente alternativa.

> En 1897 se creó en Viena la primera escuela de arte infantil, en la que, gracias a la indiferencia de las autoridades, los maestros pudieron emplear libremente sus métodos en la enseñanza artística, los cuales consistían en permitir a los niños expresarse naturalmente y sin trabas.

Graciela Almada, maestra de pintura de una escuela primaria, asegura que, desafortunadamente, la educación artística en el nivel básico se encuentra relegada. Se les da prioridad a otras materias y, de acuerdo al programa, si queda tiempo se dedica a actividades artísticas. Los docentes carecen de una preparación especial en esta área y no existen profesores preparados y dedicados específicamente a impartirla. Lo mismo pasa con materias como Educación Física o Danza. La única opción que tienen los padres de familia para introducir a sus hijos al mundo de la pintura o del arte en cualquiera de sus manifestaciones es inscribirlos a clases particulares.

"La clase de Arte y Pintura en la escuela de mis hijos es una materia que se considera de relleno. Lo único que hacen los niños es perder el tiempo, no hay una línea pedagógica, nadie les explica nada. Es cierto que en una clase de pintura hay poco que explicar, pero por lo menos podrían decirles cuáles son los colores primarios", asegura Elvira Cortés, mamá de Mariana, de 12 años de edad, y de Rodrigo de 14 años.

Desde el siglo XVII, psicólogos y pedagogos ilustres como Juan Amos Commenius, John Lock y J. J. Rousseau, afirmaban que el arte podía servir como un elemento educativo, destacándose con ello sus dos valores: el artístico-creador-emotivo y el psicopedagógico-expresión-comunicación, insistiendo en la idea de que, siendo medios de comunicación, deben aprenderlos todos los menores, así como se hace con el lenguaje oral y escrito.

En su artículo "El papel de la educación artística en el desarrollo integral del educando", la investigadora Socorro Martín del Campo Ramírez expone una síntesis de las etapas de expresión plástica por las que transita el niño:

1. Etapa del garabateo (de dos a cuatro años). Los gestos expresivos del niño, desde el momento en que se pueden registrar con un lápiz, evolucionan a partir de garabatos básicos hacia símbolos coherentes. Durante varios años de evolución, esos modelos básicos se van convirtiendo en la representación consciente de los objetos percibidos. Todos los niños siguen la misma evolución gráfica. De entre los garabatos amorfos del niño, primero surgen algunas formas básicas: el círculo, la cruz, el rectángulo, etcétera, y luego dos o más de estas formas básicas se combinan en un círculo dividido en cuadrantes por una cruz.

2. Etapa preesquemática (de cuatro a siete años). Generalmente, hacia los cuatro años, el niño hace formas reconocibles, aunque nos resulte difícil saber qué representan. Hacia los cinco años ya se pueden observar casi siempre personas, casas, árboles. A los seis años las figuras han evolucionado hasta constituir dibujos claramente distinguibles y temáticos, además habrá establecido cierto esquema en sus dibujos.

3. Etapa esquemática (de siete a nueve años). Aquí llamaremos esquema al concepto al cual ha llegado el niño en relación con un objeto, y que repite continuamente mientras no haya alguna experiencia intencional que influya en él para que lo

Expertos están de acuerdo en que explorar y crear con materiales de arte ayuda a los niños a tener más sensibilidad respecto al ambiente físico; a fomentar el desarrollo cognitivo y a promover el desarrollo social y emocional cambie. La figura de un hombre, trazada por un niño de alrededor de siete años de edad, debe ser un símbolo fácilmente reconocible. El esquema consiste en líneas geométricas, que cuando se separan del conjunto pierden significado. El principal descubrimiento de esta etapa es la existencia de un orden en las relaciones espaciales. Este primer conocimiento consciente, de que el niño es parte de su ambiente, se expresa por un símbolo que se llama línea de base.

4. Etapa del comienzo del realismo (de nueve a 12 años). En esta edad se observa un creciente desarrollo de la independencia social. Un niño de esta edad va tomando progresivamente conciencia de su mundo real. El esquema ya no es el adecuado para representar la figura humana durante este periodo. En sus dibujos las líneas geométricas ya no bastan. Ahora el niño desarrolla una mayor conciencia visual; ya no emplea el recurso de la exageración, no omite elementos ni manifiesta otro tipo de desviaciones para expresarse.

El valor del arte infantil no puede negarse, fomentar su apreciación y el deseo de crearlo durante los primeros años de vida, afirman quienes se dedican a introducir a los niños al mundo de la pintura, no se limita a visitar museos o a recibir clases formales. De hecho, los padres y quienes están a cargo del cuidado de los niños sólo necesitan poner al alcance de su mano materiales baratos, interés y estímulo.

Preguntas

Dicen que la música y la pintura son entrañables amigas del alma. La música, contribuye al buen funcionamiento neurológico de los niños, mientras que la pintura los ayuda a desarrollar su imaginación al máximo. Pensemos:

1. ¿Hemos considerado estas dos opciones de entretenimiento para nuestros hijos?
2. ¿Nosotros apreciamos la música y la pintura?
3. ¿Hemos llevado a nuestros hijos alguna vez a un concierto, o a disfrutar alguna exposición gráfica?
4. ¿Pensamos que estas manifestaciones artísticas, así como los libros, son para "ratones de biblioteca" y no queremos que estigmaticen a nuestros hijos?
5. ¿Hemos invitado a nuestros hijos a que se sienten a pintar y hemos hablado con ellos sobre la combinación de los colores, las formas, las figuras?
6. ¿Cómo entendemos las clases de música?, ¿son una disciplina o nos parecen un juego?

Capítulo cuatro

Los niños sólo piensan en jugar

"Pablo, apúrate que llegamos tarde a la clase de karate".

"Sofía, ¿qué esperas niña, no ves que ya vamos tarde a la natación?"

"Sandra, vas muy atrasada con la tarea y tenemos que llegar a tiempo a la clase de ajedrez".

"David, deja de estar jugando con eso y vámonos. Llegaremos tarde al futbol".

La lista de niños a quienes sus mamás corretean, desde que terminan de comer hasta que llegan al lugar en donde su clase de algo los espera, puede seguir y seguir.

"No te imaginas cuántos pleitos tenemos todas las tardes. Parece que mis hijos se tardan a propósito para no llegar a sus actividades vespertinas. Se la pasan jugando. Pierden mucho el tiempo", comenta Patricia Rosado, mamá de Daniel, Andrés y Natalia, de 11, nueve y seis años de edad.

"Susana, mi hija de nueve años, pierde muchísimo tiempo jugando. Ella no se imagina cómo me estreso para llegar a tiempo a sus clases de piano y de jazz. Pero la niña parece no querer llegar a ningún lado más que a su habitación para jugar", asegura Ana María González.

Todas las mamás nos quejamos de lo mismo: de que los niños jueguen. Lo consideramos una pérdida de tiempo.

Cuando Lucía y Daniel me anuncian que van a jugar, francamente me pongo a temblar: casa desarreglada. Ellos no juegan con aviones, ni soldados ni casitas de muñecas. Inventan unos juegos en los que es clarísimo que están reproduciendo escenas de su vida cotidiana. Al regresar de clases de natación, su juego consistía en poner colchas y cobijas sobre el piso del departamento en el que vivíamos, y sacaban todos sus muñecos de peluche, los subían a una silla y los aventaban aplaudiendo por lo bien que se echaban clavados. El tiempo en el que Daniel estuvo obsesionado con los aeropuertos y los aviones, jugaban a que las distintas habitaciones de la casa eran los lugares de destino del avión. Ponían en fila siete u ocho sillas y las iban jalando y empujando simulando que eran aviones. Asimismo, me llenaban el departamento de letreros que tenían el nombre del aeropuerto al que se suponía arribaban. Mi recámara era Cancún, la cocina era Tokio, el baño Madrid, y así sucesivamente.

"No puedo tolerar el desorden que reina en mi casa cuando los niños juegan. Ése es uno de mis grandes pleitos con ellos. Toman por asalto cualquier parte de la casa para jugar a la escuelita o para ser futbolistas, o para jugar a cualquier cosa. Ingenio no les falta. Lo que les sobra es una mamá neurótica que no tolera ver desor-

> Erróneamente se piensa que la buena educación
> y el buen desarrollo de nuestros pequeños es
> cuestión de adquirir los productos correctos

denada la casa", asegura Carmen Jiménez, mamá de Fernando, de 12 años de edad, Federico, de 10 años, y José Alberto, de siete.

Todos estos testimonios reflejan el desafortunado lugar que ocupan los juegos en la vida de muchas familias. Sin embargo, llenamos de juguetes a los niños. Juguetes que después del tercer uso se guardan en el clóset y los niños no vuelven a saber de ellos.

En los armarios de mis hijos hay por lo menos seis o siete cajas con juguetes que aún están sin abrir.

Las clases extraescolares y las tareas son prioritarias en la vida de los niños de ahora. Al chico que juega, generalmente se le ve como si fuera un extraño porque jugar es perder el tiempo y los pequeños deben ir a clases de natación, futbol, ballet, karate, matemáticas, pintura, etcétera.

Por otro lado, desde nuestros primeros momentos como padres de familia, se nos bombardea con la idea de que el bienestar para nuestro hijo puede ser comprado. Erróneamente se piensa que la buena educación y el buen desarrollo de nuestros pequeños es cuestión de adquirir los productos correctos. Hay que comprar el gimnasio adecuado para la cuna, el sonajero que le ayuda a coordinar movimiento y vista, el biberón que cuente con el aditamento que se necesita para que el bebé, desde los cinco meses, aprenda a beber en vaso; la lista es interminable.

Yo misma caí en la trampa y enloquecí durante semanas enteras buscando un hule espuma que sirviera como rodillo para que Daniel desarrollara adecuadamente su motricidad.

El acto humano de educar a un hijo ha sido sembrado para obtener beneficios, y la cosecha ha sido brillante. En los últimos 30 años, por ejemplo, *Toys R Us* una de las jugueterías más grandes en Estados Unidos, pasó de ser una empresa de cuatro tiendas y 12 millones de dólares anuales en ventas, a 1 484 tiendas y 11 mil millones de dólares en ventas hacia finales de la década de 1990. Mientras tanto, los adultos se debaten acerca de cómo ser mejores padres para sus hijos, estudiando catálogos de productos y revistas para solucionar sus dilemas como cabezas del hogar.

Las madres, en particular, siempre estamos abrumadas con consejos e información que dan los expertos de cómo educar a nuestros niños de la mejor manera. En todo momento cargamos con la responsabilidad de cada elemento de su bienestar.

> *Por medio del juego el niño desarrolla su capacidad intelectual y puede hacerle frente a situaciones penosas que de otra forma le serían imposibles de afrontar. Pero, fundamentalmente, constituye una fuente de placer y de disfrutar la vida.*
>
> Peñaranda

Shari Thurer, en su libro *El mito de la maternidad*, afirma que en las últimas cuatro décadas, a medida que más y más mujeres se han unido a la fuerza de trabajo, y desde que el feminismo ha permitido a muchas mujeres buscarse una vida fuera de la esfera privada, las exigencias sobre las madres han alcanzado el punto más alto de todas las épocas. La idea de que la educación de un bebé empieza en la cuna, dio lugar a un inmenso mercado para proporcionar el juguete más apropiado para cada etapa del desarrollo.

La psicopedagoga Norma Romero señala que cuando los adultos descubrieron que el niño aprende jugando, echaron a perder el juego. Por fin lo aceptaron como una actividad útil y valiosa, pero empezaron a pensar en la forma de convertirlo en una herramienta pedagógica, en cómo sujetarlo a objetivos concretos y medibles.

Entonces inventaron los 'juguetes educativos'. Fabricaron materiales agradables que le enseñan al niño las letras, los colores o los números. Sin embargo, el juego por sí mismo, con la diversión y la fascinación que implica, permanece en nuestra mente como una actividad de segunda clase.

Ciertamente, mucho de lo que el mercado de juguetes infantiles nos ofrece puede facilitarnos la vida con los niños. Hay una gran gama de productos que tienen valor educativo, que los entretienen y nos hacen menos difícil la labor de la crianza. El punto es que estamos formándolos para ser pequeños consumidores convencidos de que los productos determinan nuestra personalidad y que son capaces de resolver nuestros problemas. Los juguetes, que pensamos ayudarán al niño a desarrollarse mejor, también nos ayudan a justificar nuestra ausencia derivada de una vida laboral intensa, la cual es muy hostil para los pequeños, ya que no hay lugar ni tiempo para ellos.

"Mamá, pero todos mis amigos tienen el disco más reciente de NINTENDO y si yo no lo tengo, ¿qué van a pensar?", me dijo Juan José, mi hijo de 11 años, expone Patricia Delgado.

En su artículo "Se necesita toda una industria de juguetes y productos infantiles para educar a un hijo", la psicóloga Cynthia Peters asegura que antes no se requerían ni los osos bailarines, ni la pequeña máquina que simula imágenes centelleantes de televisión para mantener al niño entretenido mientras está solo en la cuna en su habitación. No se necesitaba la máquina de sonidos relajantes, el chupón, ni los animales de peluche sin expresión, o la sábana vibratoria para relajar al niño porque nosotras no estamos ahí. No precisábamos del material de alimentación especial, que mantenemos en la habitación del niño para mayor conveniencia. Tampoco necesitábamos los adhesivos, las cortinas y el resto de la decoración coordinada.

> A través del juego, el niño explora su cuerpo, se relaciona con sus padres y con el mundo que lo rodea

Desafortunadamente, ahora la necesidad de la cuna no sólo reactiva la economía, también educa en ciertos comportamientos que son importantes en una sociedad industrial dominada por el reloj y las reglas anodinas que refuerzan las jerarquías. El bebé debe aprender que cuando está en la cuna, debe dormir o jugar 'quietecito'. Si llora, será ignorado. Si tiene hambre, debe esperarse. Los padres pueden oír el llanto y, aunque lo encuentren difícil, deben suprimir cualquier deseo de atender al niño, de lo contrario, ¿cómo aprenderá? Puede ser difícil ajustarse a horarios rígidos de comida y sueño, pero debe hacerse. ¿Por qué? Porque asumimos que nuestros hijos deben ser independientes, deben suprimir las necesidades que podrían solventarse con el contacto humano y aprender a satisfacer sus necesidades con objetos. No sólo les educamos en los ritmos del lugar de trabajo, también les educamos a orientarse ellos mismos y sus necesidades hacia los objetos. Casi toda la responsabilidad de esta educación recae en los hombros de la mamá.

Sin duda alguna, todos los juguetes pueden ser educativos en la medida en que contribuyen al desarrollo infantil. A través del juego, los chicos ejercitan distintas capacidades que les sirven para fortalecer su desarrollo.

Son numerosas las investigaciones que muestran cómo el juego contribuye al desarrollo integral de la persona, ya que influye en todas las áreas de la personalidad: intelectual, creativa, psicomotriz, social y emocional o afectiva. Se considera que mejora el pensamiento abstracto, la atención, la memoria, la creatividad, el lenguaje, el desarrollo afectivo-psico-sexual y el desarrollo social.

Para Norma Romero, cualquier objeto que posea la cualidad de invitar al niño a jugar es un juguete —piedras, carritos, cacerolas, botellas, pelotas—, y cualquier juego es educativo. "Lo que educa no es el juguete, sino la actividad que promueve. Así, podríamos llamar juguetes educativos a los juguetes que retan al chico, los que lo animan a arriesgarse en una actividad que no domina, a superar la forma de hacer ciertas cosas, a brincar más alto, a ser más rápido o más certero. Los buenos juguetes le plantean incógnitas, le exigen atención y percepción; le fascinan, lo llevan a imaginar, a inventar. Le permiten expresar, decidir y actuar".

"Cuando veo jugar a mis hijos pienso que están perdiendo el tiempo. He trabajado mucho en eso porque sé que jugar es parte de su naturaleza, pero creo que en lugar de reírse y jugar como un par de 'bobos', podrían estar estudiando, leyendo o tocando algún instrumento musical. Estoy equivocada y confundida con tantos libros y revistas que leo para ser una mejor mamá", expone Jessica Patiño, mamá de Alfonso, Carlos y Jessica, de nueve, siete y cinco años.

Mediante el juego, afirman los pedagogos, el niño satisface necesidades vitales como explorar, inventar, moverse y expresar sus sentimientos; por lo tanto, es fundamental para su desarrollo integral. El juego para el niño es tan importante como el trabajo para un adulto; y tanto el juego como el trabajo constituyen un medio de satisfacción y desarrollo personal, también son un desafío a nuestras capacidades.

Cuando un niño está jugando lo hace sin un objetivo aparente. Sin embargo, si observamos con detenimiento, el niño es absorbido por una actividad que repite una y otra vez, tal vez tratando de lograr algún objetivo: el de gozar y entretenerse.

"¿Para qué sirve el juego?", se pregunta Carla Acevedo, mamá de Eduardo, de siete años de edad. Para que el niño se divierta y eso debería ser suficiente. Nos cuesta trabajo aceptarlo porque en todo tenemos que encontrar aprendizaje y lejos de ver en los juegos infantiles algunos elementos pedagógicos, pensamos que hacen perder el tiempo.

> *Denle al niño unos bloques de madera para jugar y ese niño será constructor, un arquitecto de edificios y puentes.*
>
> LE CORBUSIER

¿Qué puede aprender mi hijo jugando a la escuelita? Sin duda muchas cosas. En primer lugar, es un pretexto para manifestar sus emociones y sus sentimientos respecto a sus compañeros, sus maestros y él mismo como parte de un grupo social. De la misma forma, el niño puede representarse a sí mismo o tomar el papel de cualquiera de sus compañeros, e incluso el del maestro.

El médico Fernando Peñaloza explica:

> El juego caracteriza al niño, es su actividad natural y tiene su apogeo en el periodo que va de los dos a los siete años de edad, cuando los juegos simbólicos son prioritarios. Por medio del juego el niño desarrolla su capacidad intelectual y puede hacerle frente a situaciones penosas que de otra forma le serían imposibles de afrontar. Pero, fundamentalmente, constituye una fuente de placer y de disfrute de la vida.

Durante el juego, el niño despliega mucha creatividad. Un día observemos jugar a nuestros hijos y comprobémoslo. El chico puede ser cualquier personaje, tener distintas voces y convertir lo irreal en una realidad concreta. El problema es que no tenemos ni cinco minutos para observarlos jugar silenciosamente: sin intervenir, sin corregirlos, sin ponerles reglas.

Lucía y Daniel han defendido contra viento y marea sus tardes para jugar. Afortunadamente se toparon con una mamá que detesta el tráfico de esta urbe, odia tener que salir de casa por las tardes y, aunque esté llena de culpas y remordimientos por no tenerlos inscritos en una gran variedad de actividades extraescolares, aceptó la defensa que estos niños hicieron a su derecho de no salir de casa por las tardes y dedicarlas —después de sus deberes escolares— a jugar.

Norma Romero expone que jugar y divertirse debería ser una de las principales obligaciones de cualquier persona sin importar la edad. Especialmente para el niño, el juego es una forma de vivir. "Un niño sano juega entre siete y nueve horas al día. Las posibilidades del juego para enriquecer su vida son ilimitadas y los beneficios son indispensables para sobrevivir en el mundo de hoy", explica la pedagoga.

Juegos y juguetes para cada edad

No sé si hay juegos para cada etapa del desarrollo del niño. Lo que sí me consta es que la industria juguetera ha logrado vendernos la idea de que hay juguetes para las distintas edades por las que atraviesa el niño. Para convencernos, ha realizado estudios psicopedagógicos y de mercado, entrevistado a expertos y a mamás, ha hecho seguimientos de niños que tuvieron cierto juguete y otros que no y los resultados no podían ser más claros: los niños crecen mejor estimulados con los juguetes educativos de moda, concluyen las grandes firmas jugueteras.

¡Así que a consumir! Un niño de seis meses de edad requiere móviles, gimnasios y sonajas y un pequeño de dos años requiere artefactos que satisfagan su espíritu explorador y curioso. Sin embargo, ¿cómo le hacían nuestras mamás para que nosotros nos divirtiéramos jugando? Yo nunca tuve un gimnasio para la cuna; mi hermano menor no tuvo tableros con objetos para sacar, acomodar por colores y poner en su lugar.

Las condiciones sociales y urbanas eran distintas. Crecimos en la calle, con las bicicletas, con los patines, echando volados con el merenguero de la esquina. Jugábamos "avión" o brincábamos la cuerda. Los niños de hoy también andan en bicicleta y en patines pero sus espacios son muy restringidos: los estacionamientos de sus edificios o los pasillos de sus departamentos. Además, los merengueros ya no existen. Lucía, mi hija de nueve años, no sabe andar en bicicleta. No tengo tiempo ni paciencia para llevarla al parque —lugar en donde, además, reina la inseguridad—. Dejar jugar a mis hijos en la calle: ni siquiera me lo planteo.

No soy de las personas que piensan que los tiempos de antes eran mejores que los de ahora. Simplemente reconozco que las condiciones en las que viven los niños hoy son distintas. A mí me hubiera gustado mucho tener una muñeca Barbie que al contacto con el agua cambiara el color de su piel. Jamás me imaginé que existiría un supermercado portátil con frutas, verduras, litros de leche y pan a escala. De las computadoras ni hablar. Ojalá y a mi edad tuviera la destreza de Daniel o Lucía para manejar los programas de computadora que les permiten inventar ciudades, formar familias, visitar zoológicos o escribir sus propios cuentos.

¿Cómo podemos los padres ayudar a que el niño juegue?

- Dispongamos de un espacio que sea del dominio de nuestro hijo. Un lugar a prueba de niños que permita el máximo de exploración y el mínimo de restricción.
- Cambiemos la ubicación de los juguetes y rotémoslos de modo que el niño no se aburra de ellos.

- Juguemos con nuestro hijo especialmente en los primeros años de vida.
- Evitemos sobreestimular al niño, principalmente a los bebés.
- Valoremos el juego del niño.

En el artículo "Reflexión sobre los espacios de los niños en la ciudad", la arquitecta Norma Martínez afirma que en la actualidad los espacios en las ciudades destinados a los niños son escasos, y por cuestiones de seguridad, el niño es obligado a permanecer más tiempo dentro de su casa. Con la aparición del ciberespacio y la comercialización de nuevos aparatos infantiles como el *Nintendo* o el *Play Station* y el *Wii*, el niño pasa la mayor parte de su tiempo libre frente a la televisión o la computadora. Estos programas provocan que los niños desarrollen su imaginación en menor grado que si ellos mismos crearan sus propios juegos.

De igual manera, la falta de interés de los diseñadores y urbanistas por desarrollar propuestas incluyentes beneficia, lamentablemente, esta situación. Por lo general, en el diseño de la vivienda no se toma en cuenta la presencia de espacios abiertos, los diseñadores destinan áreas residuales para los niños, un ejemplo es el espacio libre debajo de los puentes automovilísticos o los camellones, los cuales se acondicionan con mobiliario y áreas verdes, para ser utilizados por niños y jóvenes. Sin embargo, estos espacios son áreas de tránsito inseguras.

El juego es, entonces, la primera forma de aprendizaje del niño. A través de éste el pequeño explora su cuerpo, se relaciona con sus padres y con el mundo que lo rodea. También permite que el niño desarrolle el lenguaje y la lógica.

Los niños se desarrollan a diferente velocidad; sin embargo, existen ciertas habilidades que son necesarias para que nuestro hijo alcance el siguiente escalón en su desarrollo. Crecen física e intelectualmente y, por lo tanto, expanden los límites de su forma de jugar. Así, en los primeros meses de vida, el bebé juega al experimentar sensaciones corporales y movimientos motores con objetos y con otras personas. A los 18 meses de edad, aproximadamente, es común que los niños jueguen sustituyendo un objeto por otro. En la siguiente etapa del desarrollo, adquieren el control de su cuerpo y sus acciones. Llegados los cinco años, los pequeños se interesan por juegos más formales, con reglas y con actividades explícitas.

He comprobado que, además de satisfacer las necesidades físicas del niño, como padres debemos estimular al chico con cariño y juegos. Esto, además de hacerlo feliz, va forjando en él un sentimiento de valía y autoestima que le da mucha seguridad

María Luisa Rojas, terapeuta infantil y mamá de las gemelas de ocho años, Julia y Teresa afirma:

> Ciertamente, los lazos de afecto que establecemos con nuestros hijos desde las primeras etapas de su vida contribuyen a sentar las bases de las relaciones que tendrá en la vida adulta. Esto porque los niños aprenden a través de la acción, y a medida que crecen, requieren que se estimule su potencial y sus habilidades mentales, físicas y sociales. El juego se convierte, dentro de este panorama, en uno de los aspectos fundamentales del crecimiento y en el medio natural por el cual los niños expresan sus sentimientos, temores, miedos, represiones y fantasías, de forma espontánea y placentera.
>
> Durante la etapa escolar, los niños necesitan hacer ejercicio físico y recrearse en grupo para fortalecer sus músculos y sus huesos. Ello también les servirá para adquirir actitudes que favorezcan su convivencia e interrelación con otros niños de su edad.

Cuestión de estilos

Cada niño juega de diferente manera y ello depende de su estado de ánimo, su desarrollo, la situación en la que se encuentra y su preferencia personal.

Podemos encontrar chicos jugando uno al lado del otro sin interactuar, ése es el patrón de juego usual a los dos o tres años de edad. Los periodos de juego solitario son importantes en cada niño. Sin embargo, cuando el niño juega solo todo el tiempo y ésta es su única forma de jugar, puede señalar un problema. Todo niño se beneficia del aprendizaje de compartir y cooperar con otros chicos durante el juego. Jugar en grupo es más común entre los tres y los cinco años; en esta etapa ellos ya están preparados para ir a un jardín de niños, pueden hablar, usar la vajilla para comer, esperar en fila, sentarse en círculo y compartir con otros niños.

Interactuar con el niño

Para que el pequeño pueda desarrollar al máximo sus posibilidades físicas, mentales y emocionales, es necesario que sus padres y familia en general —o las personas que están a su cuidado— le hablen, jueguen con él y le demuestren su cariño a través de juegos.

Como padres de familia debemos tener presente que el juego es uno de los medios por el cual el infante desarrolla su memoria, aprende más palabras, imita a los demás, emplea su imaginación y nos muestra su personalidad y sus emociones.

Tampoco debemos olvidar que el niño necesita que se le ayude a desarrollar su inteligencia y su creatividad, y qué mejor manera de hacerlo que estimulando el juego.

De acuerdo con la psicóloga infantil Angélica Castellanos, casi todos los padres hemos comprado a nuestros hijos un carrito o una pelota y a las niñas la muñeca a la que podrá darle biberón y cambiarle la ropita. Estos juegos son importantes, pero a los padres se les ha olvidado incentivar en sus hijos el juego creativo y, más importante aún, compartido. Sobre esto, añade:

> Sentarse con los hijos a hacer figuras de plastilina, pintar, leer un cuento, participar en algún juego de mesa o animarse a correr e inventar juegos que refuercen los lazos familiares. El juego puede ser un fin porque proporciona diversión y esparcimiento, pero también un medio para alcanzar un fin, y en ese sentido los padres pueden crear juegos para que sus hijos aprendan, por ejemplo, a recoger los juguetes después de jugar, despertarles el interés por algunos alimentos, enseñarles a lavarse los dientes y muchas cosas más.

María Eugenia Flores, mamá de Eugenio y Nicolás, de 11 y siete años de edad, afirma que el hecho de que todos los padres estemos convencidos de que lo importante es dejar a los niños jugar, e incluso fomentarles el juego, no es suficiente ya que la escuela los presiona, a más temprana edad cada vez, para que se integren a la educación formal en donde el juego no tiene cabida. Asimismo, señala que la sociedad tan competitiva en la que vivimos, mide a los niños, no por su capacidad para jugar e inventar, sino en fun-

{ **Aunque los juguetes son asexuados, sí pueden satisfacer las necesidades de las distintas etapas por las que atraviesan los niños** }

ción del número de actividades extraescolares a las que asisten. "Así, ¿cómo vamos a dejar jugar a los niños?".

Jugar es una actividad espontánea que requiere respeto, libertad e interacción. "El niño aprende a conversar cuando se le habla y su vocabulario y expresión se enriquecen dependiendo de la calidad del ambiente en el que crece. La efectividad del juego también se desarrolla según los estímulos y el apoyo que el menor reciba. Su ambiente incluye objetos, pero también personas. En el juego, el niño es quien decide cuándo y cómo jugar, es él quien fija las reglas y las modifica cuando quiere", explica Romero.

Para jugar, los pequeños también requieren un espacio seguro dentro y fuera de la casa donde no haya límites porque no existen peligros. Necesitan tiempo sin interrupciones y juguetes, no muchos, pero sí algunos.

El juego debe ser libre y espontáneo y los juguetes estimulantes y variados. Los adultos debemos proporcionar juguetes que aporten valores positivos, ya que con la actividad lúdica estimulamos la formación de algunos valores como la igualdad, la solidaridad y el compañerismo, pero sin olvidar que, cuando el niño juega, está reproduciendo e imitando situaciones o historias vividas.

Laura Hernández, terapeuta infantil asegura:

> El juego y los juguetes contribuyen al desarrollo integral del niño en todas las áreas de la personalidad: intelectual, física, social y emocional o afectiva. Estimula el desarrollo y coordinación del cuerpo, desarrolla estructuras mentales, es un medio de expresión y socialización, y favorece el equilibrio afectivo.

La edad y el sexo de los juguetes

"No veo tan mal que los niños jueguen a la casita con las niñas, pero mi marido cada vez que ve a David jugando con Josefa y sus amigas le reclama por ser 'afeminado'. Le dice que eso no está bien, y que él tiene que jugar juegos de niños", expone Montserrat Casado.

Recuerdo cuando Daniel era pequeño, tendría dos o tres años, hubo una promoción en un restaurante de comida rápida en la que regalaban a los personajes de *Snoopy*. Mi hermana le regaló a Daniel a *Lucy*; Guillermo, mi esposo se molestó mucho y prefirió que se la quitáramos. "Las muñecas son para las niñas", me dijo.

Me parece que solamente en el mundo de los adultos existen juguetes para niños y juguetes para niñas. Muchas investigaciones han demostrado que cuando dejamos a los pequeños jugar en un ambiente sin condicionantes, hay un uso indiscriminado de los juguetes. El juego es libre y espontáneo y así debemos de comprenderlo.

"Nuestra sociedad está en un proceso de cambio, y los juguetes representan la sociedad de hace 20 años. No es cierto que la mujer esté actualmente encerrada en casa y no tenga opciones profesionales. No es cierto tampoco que los hombres no cambien pañales o den de comer a sus hijos. Falso que la familia 'normal' tenga padre y madre. Cada día que pasa, estas afirmaciones serán menos ciertas. El hecho de que los medios de comunicación, la publicidad, los cuentos infantiles sigan dando una imagen del pasado es algo ante lo que poco podemos hacer. Sin embargo, no debemos olvidar, que si bien las niñas sufren las consecuencias de estereotipos que acortan y limitan sus potencialidades, los niños sufren las exigencias impuestas por la sociedad a los 'machos', que en muchas ocasiones pueden ser asfixiantes y originar complejos. Es lógico que para las niñas sea más fácil jugar a 'juegos de niños', que al revés, ya que existe una actitud generalizada, inmersa en todos los aspectos culturales y sociales, de despreciar aquellas tareas, valores y capacidades asignadas a las mujeres. Tendremos que revisar nuestro papel como padres y educadores, y trabajar para lograr un verdadero cambio de actitudes. Aunque los mensajes de discriminación por sexo no dependen tan sólo de nosotros, debemos lograr que los juguetes y juegos no reproduzcan papeles tradicionales discriminatorios y que puedan ser utilizados del mismo modo por niñas y niños".

Fuente: *Los juguetes no tienen sexo*, www.guiadelniño.com.

El juego puede facilitar la creatividad y la posibilidad de promover la comprensión del mundo y la solución de problemas.

Del Río

Aunque los juguetes son asexuados, sí pueden satisfacer las necesidades de las distintas etapas por las que atraviesan los niños.

Norma Romero nos presenta una clasificación de juguetes de acuerdo a la edad de los chicos, además de las diferentes experiencias físicas, sensoriales, intelectuales, emocionales y sociales que ofrecen.

Para los recién nacidos, el juguete que reúne las mejores cualidades es la mamá. Poco después los móviles —para ver y oír—; los gimnasios para tocar, provocar ruidos y movimientos; las sonajas que, además de sonar, ruedan y se presentan en diversos colores, texturas y formas; las mordederas y los libros de tela o de plástico. El agua, las plantas, la compañía de los adultos, la música, las palabras cariñosas de la familia, el contacto físico. Todo esto forma parte de la vida que permite a los niños crecer y desarrollar su creatividad, inteligencia y fuerza.

Cuando llega el primer cumpleaños los niños empiezan a diversificar sus juegos y gustos por ciertos juguetes.

Juegos: mini guía de estilo

Juegos de acción y movimiento
- **Para mecerse:** columpios, cuerdas.
- **Para caminar y transportarse:** triciclos, carros, caballos para montar.
- **Para empujar y jalar:** trenes y animales de cuerda, cochecitos y muñecos de tracción.
- **Para balancearse y equilibrarse:** pelotas gigantes, caballos mecedores, balancines, sube y baja, barras de equilibrio.
- **Para trepar y resbalar:** gimnasios de hule espuma, resbaladillas, bancos y escaleras pequeñas, plataformas.
- **Para precisión de movimientos y juegos en grupo:** pelotas, papalotes, futbolitos, arcos y flechas, aros para lanzar.

Juegos de coordinación. Para usar las manos
- **Para meter y sacar:** cilindros en tablas con orificios, torres y pirámides, árboles con cuentas en las ramas, tableros con tornillos.
- **Para abrir y cerrar:** juegos con llaves, puertas y tapas.
- **Para ensartar:** cuentas con agujas de madera, con agujetas o con hilo.
- **Para clavar:** martillos y base con tornillos, botones, objetos desprendibles que pasan de un lado a otro, cajas con esferas que caen, tableros con piezas y clavos, materiales para construcción en madera.

- **Para atornillar:** juegos de construcción con tornillos de madera, frascos de plástico, juegos con tornillos, mecanos.
- **Para ensamblar:** juegos para colocar piezas pequeñas dentro de otras más grandes: cajas, torres, barriles.
- **Para abrochar:** libros, muñecos o marcos con agujetas, o ganchos, botones y broches.
- **Para coser:** tablas perforadas para seguir una figura con agujetas, base para bordar o para crear alfombras. Juegos de costura y bordado en tela.
- **Para usar instrumentos:** cajas con herramientas de madera o metal, tijeras.

Juegos para construir

- **Por superposición:** bloques pequeños y grandes forrados de hule espuma, dados y bloques de madera, equipos para realizar proyectos como ciudades, casas, puertos, etcétera.
- **Por ensamble:** bloques o elementos que se conectan unos con otros, engranes.

Juegos para afinar la percepción

- **Percepción visual:** para distinguir forma, tamaño y color: juegos con formas geométricas, cajas, pirámides, dominós, libros de imágenes, lotería, rompecabezas de madera o cartón.
- **Percepción auditiva:** para identificar y asociar sonidos: loterías y juegos de mesa con casetes, cilindros con diversos sonidos. Música, cantos, cajas y muñecos musicales.
- **Percepción táctil:** para distinguir, identificar y asociar texturas: pelotas y muñecos elaborados con diferentes materiales, bolsas sorpresa, juegos de mesa.
- **Para medir y asociar pesos:** colchones o pares de cilindros con diferentes pesos.

Ubicación en el espacio

- **Para diferenciar posición y dirección:** laberintos con alambres y cuentas, juegos con el esquema corporal, loterías de localización, libros con imágenes referentes a los conceptos arriba, abajo, cerca, lejos, dentro, etcétera.
- **Para reproducir patrones:** cuentas de ensartar, cubos o bloques con tarjetas de modelos impresos, juegos con elementos para repetición.

Percepción olfativa

- **Para identificar y asociar olores:** pares de cilindros con varios olores, juegos de mesa, bolsas sorpresa.

Juegos para ejercitar la memoria y la atención

Memorias, libros de rimas, canciones, juegos con pares de tarjetas de imágenes que presenten diferencias mínimas.

Juegos para clasificar, contar y medir

Tableros, loterías, rompecabezas, dominós y juegos de mesa con números y conjuntos, balanzas, relojes, calendarios, cintas, reglas y otros materiales para medir.

Juegos de lenguaje

- **Para nombrar:** lotería, tarjetas de imágenes, libros.
- **Para relacionar:** juegos de tarjetas o de mesa en los que se requiere encontrar las relaciones entre diversos objetos, oficios, hábitos, etcétera.
- **Para seguir secuencias:** tarjetas o juegos de mesa en los que se narra una historia o se acomodan los elementos en orden cronológico. Libros.

Juegos con letras y palabras
- **Juegos de convivencia:** juegos con reglas, juegos de mesa.

Juegos de imaginación y expresión
Arte
- **Plástica:** todo tipo de materiales para pintar y dibujar, para pegar, recortar, modelar, sellar y decorar.
- **Música:** todo tipo de instrumentos, especialmente de percusión. Discos compactos con canciones tradicionales, rondas, juegos o canciones contemporáneas para niños.

Representación
- **De la vida cotidiana:** juegos de cocina, aseo, bañeras, jardineras, carreolas, muñecas, animales de felpa o peluche, casas de muñecas, coches, aviones, trenes, granjas, zoológicos, ciudades, etcétera.

Teatro
- Disfraces, títeres, teatro guiñol, etcétera.

Por supuesto, es imposible tener en casa toda esta variedad de juguetes, pero precisamente por eso existen las ludotecas, los centros de estimulación temprana, las escuelas, los parques y, principalmente, la imaginación de los niños.

Algunos consejos para comprar y administrar juguetes
- Debe ser deseado por el chico.
- Debe ser seguro y estar elaborado con materiales que no se astillen o sean cortantes si se rompen.

Los colores deben ser sólidos y no tóxicos. Cuanto más pequeño es el niño, más grandes deben ser los juguetes.

- Debemos comprar los juguetes adecuados a su edad pensando en la finalidad y actitudes que desarrollan en nuestros hijos.
- Tomemos en cuenta la personalidad del menor. Si el chico es retraído necesitará juegos socializadores (varios jugadores); a un niño hiperactivo le resultarán adecuados los juegos de atención, artísticos.
- Que sea simple. Esto aumentaría la gama de usos, y desarrollará su fantasía y su capacidad simbólica.
- No comprarlos para satisfacer un capricho momentáneo del niño.
- Generalmente, no deben ser utilizados para premiar o castigar a un niño.
- Debemos tener en cuenta que el exceso de juguetes mata la fantasía y produce aburrimiento.
- Solicitar a los familiares que no regalen juguetes de forma indiscriminada.
- No olvidar que el mejor juguete no es necesariamente el más caro.

Juguetes por edades

0-6 meses: necesita juguetes que le ayuden a descubrir su cuerpo y distinguir diferentes texturas, formas y colores. Los sonajeros, móviles de cuna, muñecos de goma, mordedoras, alfombras con actividades, etcétera.

7-12 meses: el bebé empieza a explorar los objetos y a reconocer voces. Pelotas, muñecos de trapo, juguetes sonoros, tentetiesos, balancines y andadores.

13-18 meses: los niños ya saben andar y reconocen las propiedades de los objetos. Cubos para encajar y apilar, triciclos y cochecitos.

19-24 meses: el niño habla y comprende, empieza a descubrir su entorno. Coches, pizarras, pinturas, instrumentos musicales, muñecas y animalitos.

2-3 años: empiezan a sentir curiosidad por los nombres e imitan escenas familiares. Triciclos, palas, cubos, rompecabezas, pinturas, teléfonos y muñecas.

3-5 años: el niño empieza a preguntar, a aprender canciones y a jugar con sus amigos. Bicicletas, pizarras, magnetófonos, cuentos, marionetas y muñecos articulados.

6-8 años: el niño sabe sumar y restar, leer y escribir. Monopatines, coches teledirigidos, juegos manuales, de preguntas y de experimentos.

9-11 años: se interesan por actividades complicadas. Complementos deportivos, juegos de estrategia y reflexión, audiovisuales, electrónicos y experimentos.

Más de 12 años: desaparecen las ganas de jugar y van construyendo su propia identidad. Aparecen los libros, la música y los videojuegos.

Preguntas

El juego es una de las manifestaciones pedagógicas más importantes para el desarrollo de los niños. Respecto a esto:

1. ¿Dejamos realmente que nuestros hijos jueguen?
2. ¿Nos angustia pensar que nuestro hijo está jugando en lugar de estar en alguna actividad extraescolar?
3. ¿Jugamos con nuestros hijos?
4. Como adultos siempre queremos controlar los juegos de los niños. ¿Los hemos dejado enfrentarse a las reglas, normas, turnos y límites de los juegos entre niños?
5. ¿Alguna vez hemos observado cómo juegan los niños? ¿Cómo reproducen escenas de la vida cotidiana en sus juegos?
6. ¿Somos padres siempre dispuestos a comprar todo tipo de juguetes? ¿Somos una familia de esas que abren las puertas de los armarios de los niños y se nos vienen encima las cajas de juguetes?

Capítulo cinco

La televisión y
los videojuegos

Aprendamos a ver la televisión

¿Cuántas de nosotras no hemos agradecido, al menos un par de veces, la presencia de la televisión en nuestros hogares? El hecho de que nuestros hijos se puedan sentar tranquilos, sin hablar, sin siquiera parpadear, un rato durante la tarde nos permite descansar de sus demandas, solicitudes, pleitos, gritos y de los "mami, mira a mi hermano". Durante el momento que están sentados frente a la televisión nos olvidamos de la existencia de los niños y también de nuestras convicciones respecto a lo nocivo que resulta dejarlos verla por la enorme carga de violencia que contienen los programas actuales. Sin embargo, permitirnos un momento de paz mientras nuestros hijos se entusiasman con las locuras de *Los Simpson*, no justifica que convirtamos a la televisión en la nana de los chicos. A pesar de todas las bondades de este aparato, estoy convencida de que el tiempo peor invertido por nuestros hijos es el que pasan frente a la televisión.

"Ana Cecilia hace su tarea viendo la televisión. Ya me cansé de pelear con ella para que no la prenda hasta que termine sus deberes escolares, pero no hace caso. Y termino dándome por vencida", narra Guadalupe Ortiz, mamá de Cecilia, de nueve años de edad, y Viridiana, de seis.

¿Qué es ese poder tan maravilloso que ejerce la televisión sobre los niños?

Todos recurrimos a ella para satisfacer necesidades de distracción, reducir las tensiones y obtener información. En el caso de los chicos, paralelamente a las motivaciones personales, podríamos agregar un factor externo: ellos ven televisión, en buena medida, porque les es impuesta por el medio en el que se desarrollan. Podríamos afirmar que la ven porque no les queda otro remedio. Se les ofrece en el ambiente del hogar y, como padres, les reforzamos la conducta de contemplación. En muchos casos, la televisión constituye la única compañía del niño y, a veces, se convierte en una especie de niñera. Sentarse frente al televisor es un hábito que se refuerza diariamente en la casa con el ejemplo, o bien aceptando con agrado cuando los niños están sentados viendo su programa preferido.

Pero como padres de familia, ¿de qué manera discernimos entre un programa adecuado para la edad de nuestros hijos y otro no apto?

"Yo no sé qué es lo que ven mis hijos en la televisión. Se supone que la hora de la programación infantil es de cuatro a seis de la tarde, pero entre corte y corte pasan escenas de programas para

Para los analistas de los medios de comunicación,
el problema no radica en la presencia cotidiana
de la televisión, sino en el uso que el público
infantil le da a sus contenidos

adultos en donde, lo mismo puedes ver una fuerte escena de sexo, que a unos jóvenes consumiendo alcohol o tabaco. Entonces qué caso tiene que como padres evitemos que los chicos vean programas inadecuados por su contenido, si los niños ven anuncios no aptos para su edad", afirma Maribel Guzmán, mamá de Gabriel, de 12 años de edad, Mariana, de nueve años, y Emilio, de dos.

Para los analistas de los medios de comunicación, el problema no radica en la presencia cotidiana de la televisión, sino en el uso que el público infantil le da a sus contenidos. Tampoco podemos pasar por alto las tres o cuatro horas que en promedio los niños ven de televisión cada tarde.

Alma Rosa Alva de la Selva, investigadora universitaria y especialista en el análisis de la radio y la televisión, advierte que el efecto de los programas televisivos puede ser acumulativo, es decir, que después de un determinado tiempo la influencia del medio se hace presente en los niños mediante sus formas de entender la realidad, que llegarían a estar distorsionadas.

—Mamá, eres torpe, inepta y engreída —me dijo un día Daniel, tendría tal vez seis o siete años.

No sólo me quedé atónita frente a lo que escuchaba, sino que recuerdo me enojé muchísimo por lo que me decía.

—¿Por qué me dices eso, Daniel? ¿Sabes lo que estás diciendo? —lo cuestioné.

—Eso no importa y eso eres —respondió.

—¿De dónde sacaste esas palabras?

—De *Los tres chiflados* —me dijo—. Así le dice Mou a la hermana de Larry, que tiene los mismos años que tú.

La absurda lógica de Daniel me molestó muchísimo porque, además, en la escuela ya me habían dicho que el niño utilizaba frases y palabras incomprensibles para los demás porque eran propias de adultos.

> *Los fabricantes de juguetes ganan más de 40 millones de dólares al año por lanzar al mercado sus productos para niños.*
>
> MERRYL LINCH

Decidí sentarme a ver un día con él *Los tres chiflados* y fue la última vez que le permití lo viera. Todos los diálogos giraban en torno a la agresión y a la torpeza de los actos de los personajes. Se golpeaban, se insultaban, les pasaban cosas inverosímiles pero que, definitivamente, no son para niños por su alto contenido de violencia.

Desafortunadamente, las ciudades se vuelven cada vez más hostiles para los niños y muchos padres pensamos que están más seguros en casa viendo la televisión. Pero la falta de control en materia de contenidos televisivos infantiles les permite tener acceso a situaciones igualmente hostiles y agresivas.

Elia Domínguez, psicoterapeuta expone:

> El alto contenido de agresiones físicas y verbales presentes en programas infantiles, que normalmente ocurren sin explicación razonable donde las víctimas muy rara vez sufren heridas permanentes o dolor, los lleva a pensar que la violencia es una forma aceptable de solucionar problemas y fuera de eso, no hace daño ni al cuerpo ni al alma. Por lo tanto, el comportamiento y el lenguaje de los niños se tornan más violentos y ellos se vuelven indiferentes al presenciar conductas agresivas en otros.

Julieta Fonseca, educadora por 10 años, coincide y afirma que los padres son los principales promotores de la cultura televisiva infantil: si los hijos ven televisión, los padres tienen tiempo para hacer los quehaceres del hogar sin siquiera percatarse del contenido de los programas que el niño escoge. La escuela le atribuye a la televisión la falta de creatividad en sus alumnos, así como también la agresividad con que a veces hablan y se comportan. "Imitan perfectamente las voces y actitudes de los personajes de moda en televisión: hacen patadas de karate y apuntan a sus compañeros con armas imaginarias. Los padres se quejan de eso pero difícilmente aceptan que su hijo está viendo demasiada televisión".

La pantalla casera: un poderoso imán

La televisión presenta estímulos auditivos y visuales muy poderosos que se imponen sobre otros como podrían ser la radio, los libros, la conversación con los demás miembros de la familia e incluso los juegos. Por eso, los especialistas aseguran que la televisión constituye una fuente efectiva en la formación de actitudes en los niños quienes, desde temprana edad, son sometidos a su influencia sin poseer otro tipo de información.

Los expertos que han estudiado los efectos que ejerce la programación televisiva en los menores, coinciden en afirmar que la mayoría de los programas contiene cierto grado de violencia que tiende a ser imitada por los niños. Éstos se identifican con ciertos caracteres de víctimas o victimarios; se vuelven invulnerables a las atrocidades de la violencia e incluso llegan a aceptarla como una forma para resolver las diferencias.

En muchos países del mundo se han realizado diversas investigaciones. En Estados Unidos, por ejemplo, los estudiosos del tema afirman que aunque es difícil documentar los efectos de la violencia

> La televisión constituye una fuente efectiva en la formación de actitudes en los niños quienes, desde temprana edad, son sometidos a su influencia sin poseer otro tipo de información

en los niños, el hecho de pasar tantas horas sentados frente a la pantalla puede estar asociado con comportamientos agresivos, problemas de obesidad, bajos resultados académicos, sexualidad precoz, el uso de drogas, cigarros y alcohol.

En Venezuela la investigación "La TV venezolana y la formación de estereotipos en el niño", llegó a la conclusión de que la televisión transmite y forma estereotipos sociales en los que se presentan, directa o indirectamente, mensajes que conforman una actitud, siendo esta influencia mucho mayor en los niños, quienes son moldeados en diversos aspectos por los mensajes de televisión.

"Ver televisión es el pasatiempo preferido de mis hijos. Llegan de la escuela, comen, hacen tareas y se sientan tres o cuatro horas a verla todos los días. Para el momento en que salgan de secundaria habrán pasado más tiempo mirando televisión que en el salón de clase", dice Mariana Aguilar, mamá de Sofía, de 13 años de edad, Gerardo, de 11, e Inés, de siete.

Aunque la televisión puede entretener, informar y acompañar a los niños, también puede influir en ellos de manera negativa.

Además, el tiempo que pasan frente al televisor es tiempo que se les resta a actividades importantes, tales como la lectura, el trabajo escolar, el juego, la interacción con la familia y el desarrollo social.

Televisión y salud

Para ningún padre de familia pasa desapercibido el hecho de que el porcentaje de violencia en la televisión va en aumento. Un estudio reciente del Instituto Nacional de Salud Mental de Estados Unidos indica que la violencia televisada puede ser dañina para los niños pequeños ya que ellos pueden llegar a tener miedo, a preocuparse, e incluso, hasta a sentirse culpables o sospechosos. Asimismo, investigadores de diversos puntos del planeta, que estudian la interacción del niño y la televisión, han notado que los chicos que pasan muchas horas frente a la pantalla chica viendo programas violentos suelen ser más agresivos que el resto de sus compañeros.

Los niños miran infinidad de actos de violencia cotidianamente al sentarse frente al televisor. Un estudio reciente calcula que los niños estadounidenses ven más de mil actos de violencia cada año. Éstos incluyen violaciones, homicidios, robos a mano armada y asaltos. No son sólo los programas con horario para adultos los que tienen tanta violencia, los noticieros y videos musicales también contienen un alto porcentaje de violencia. Programas animados y otras transmisiones infantiles a menudo contienen violencia también.

De la misma forma en que la televisión maneja la violencia indiscriminadamente, también presenta escenas con alto contenido sexual. El sexo en la televisión es representado como algo casual y muchas veces carente de compromiso. Los personajes de la televisión, en contadas ocasiones discuten acerca de anticoncepción antes de tener relaciones sexuales. Es muy raro el caso en el que algún personaje televisivo contraiga alguna enfermedad de transmisión sexual. El sexo a menudo es representado en la televisión de forma poco realista.

"Hace algunos meses, encontré en la mochila de mi hijo Félix un recado escrito por unas niñas de su salón de clases, en el que le preguntaban si quería tener relaciones sexuales con alguna de ellas. Fui a la escuela a plantear el problema, aunque nunca dije nombres ni les enseñé la carta para que las maestras no reconocieran la letra. Mi hijo nunca dijo el nombre de la niña que mandó la nota, pero son niños de 10 y 11 años de edad, de cuarto grado de primaria. Se trata de chiquillas que ven telenovelas y toda la demás basura que hay en la televisión. ¿Dónde están los papás de estas criaturas?", pregunta Lizbeth Cárdenas, mamá de Félix, Andrea y Fernanda, de 11, nueve y siete años.

La salud emocional y mental de nuestros hijos no es lo único que se ve tocado por los tentáculos del pulpo televisivo. También su salud física está en jaque. Hay investigaciones en donde se concluye que buena parte de los niños obesos deben su peso al tiempo de sedentarismo que pasan frente al televisor y a la cantidad de alimentos "chatarra" que consumen.

En promedio, los pequeños ven más de 20 mil anuncios cada año. La mayoría de ellos son de productos azucarados como cereales y dulces. Los anuncios de carne, leche, jugo y pan ocupan solamente 4% del total de comerciales de comida durante las horas de audiencia televisiva infantil.

Los especialistas en nutrición están preocupados por la situación ya que esto puede cambiar los procesos de hambre y saciedad en los niños. También resaltan que los pequeños que pasan tardes enteras frente a la pantalla casera suelen solicitar más los productos alimenticios que anuncian en la televisión y que, la mayoría de las veces, son alimentos con un bajo valor nutrimental.

Elena Ramos, experta en nutrición señala:

> Las familias que comen frente al televisor pierden también algo importante como es la comunicación entre ellos, el diálogo para conocerse mejor e intercambiar distintos puntos de vista, así como la posibilidad de educar a los niños con técnicas de educación en la mesa.

Los investigadores sugieren que los niños que comen con sus padres sin la presencia del televisor, lo hacen de forma más saludable y con muchos más nutrientes que sus amigos que lo hacen frente a la televisión. Unos hábitos alimenticios pobres conducen a muchas enfermedades crónicas. De igual forma, los niños que comen mientras miran televisión no se dan cuenta de cuánto han comido, y eso aumenta el riesgo de comer demasiado. El Instituto Nacional de Salud Pública (ISPN), realizó una investigación acerca de los factores asociados a la obesidad en niños en México. En una primera etapa, el estudio incluyó a niños entre 10 y 15 años de edad pertenecientes a zonas de bajos y medianos ingresos económicos en la ciudad de México. Los resultados obtenidos indican que el riesgo de presentar obesidad en esta población fue mayor entre los niños de medianos ingresos que en los de bajos ingresos. El riesgo de presentar obesidad aumentó 12% por cada hora que los niños dedicaron a ver programas de televisión diariamente y disminuyó 10% por cada hora que los niños practicaron actividades físicas. No se encontró asociación entre la obesidad con el tiempo dedicado a ver películas o a jugar videojuegos.

Estos resultados se mantuvieron aun tomando en cuenta otras características de los niños como su nivel socioeconómico, la obesidad de los padres, edad, género y dieta. Lo que es más alarmante es el poco tiempo que los niños informaron dedicar a actividades físicas (1.8 horas diarias) y la gran cantidad de tiempo dedicada a ver televisión, incluyendo programación, videojuegos y películas en videograbadora (4.1 horas al día).

Un mundo concentrado sólo en el hecho de ver es un mundo estúpido.

SARTORI

Las ya reducidas oportunidades para jugar fuera de su domicilio han sido limitadas por la creciente inseguridad pública. Para completar el cuadro, la práctica de comer golosinas o botanas mientras ven la televisión es ampliamente difundida entre estos niños. Entre los entrevistados, 20% informó que siempre, o casi siempre, consumen botanas o golosinas mientras ven la televisión. Sin embargo, limitar el tiempo que los niños ven televisión sin ofrecer actividades alternativas es una estrategia con pocas probabilidades de éxito. Mientras la televisión sea la única diversión de los niños, seguirán viéndola, expone Bernardo Hernández Prado en su artículo "La televisión, mi única diversión".

—Dany, ¿jugamos a ver quién adivina más anuncios? —le preguntó Lucía a su hermano.

—Te voy a ganar —contestó.

Lo grave fue que compitieron y empataron. Entre los dos, en media hora, adivinaron más de 12 anuncios. Y yo me jacto de que mis hijos no ven televisión. ¡Imagínense los pequeños que pasan toda la tarde viéndola!

Cómo limitar el uso de la televisión y no desertar en el intento

La televisión ofrece a los niños muchas cosas buenas también. Existen programas televisivos que fomentan el aprendizaje y el desarrollo. El problema es que son muy aburridos para los niños, salvo honrosas excepciones.

En un artículo publicado en la revista *Etcétera*, "Los niños y la tele", los investigadores aseguran que es un hecho que la televisión está ganando cada vez más espacios frente a la familia y la escuela como instituciones formadoras y socializadoras. De ahí su preocupación por impedir que la televisión, más allá de convertirse en un tercero en discordia, forme parte de un equilibrio positivo entre las tres instancias. Por eso, apelan a la atención y participación de los padres de familia y de los profesores de educación básica para que guíen al público infantil hacia una actitud crítica y que los niños sean capaces de discernir entre las emisiones que les aportan algo y las que no. Sin embargo, los productores de programas dirigidos a los niños se defienden argumentando que, aunque la transmisión de valores no es el objetivo de los programas de entretenimiento, en sus emisiones incluyen mensajes en los cuales inculcan o refuerzan implícitamente algunos como el compañerismo, la unión familiar y la amistad.

Por lo pronto, hay muchas cosas que como papás podemos hacer. Convendría, en primer lugar, poner límites. Hay que saber cuántas horas diariamente ven televisión nuestros hijos. Limitémoslas de una a dos horas al día sin miedo de reducir la proporción de tiempo que los chicos la ven. Es posible que tengamos que enfrentarnos a lloriqueos y reclamos, a los niños no les gusta apartarse de la televisión.

Es importante recordar que los programas que los pequeños ven están llenos de anuncios de otros programas. Las conversaciones en la escuela, en el parque o en la clase son poderosas y muy penetrantes. Sin embargo, establecer buenos hábitos en nuestros hijos bien vale la pena y ver televisión es más un hábito que un gusto. Ofrezcámosles algo a cambio. Por ejemplo, participar en alguna actividad deportiva o lúdica, quehaceres de la casa, preparar algún pastel, leer o hacer cualquier otra cosa. Tratemos de acompañarlos en esas nuevas actividades.

"Cada vez que mi hijo llegaba de la escuela, aventaba la mochila y corría a prender el televisor. Dejé de pelearme con él por eso y desde entonces lo que hago es cortar la luz del departamento, por lo menos mientras comemos y termina la tarea", comparte Sara Morones.

> Los daños que la televisión produce a la salud no son culpa de nadie más que del exceso

"Los hijos son una fiel copia de nosotros, así que tuve que renunciar a ver mis telenovelas para que mis hijas dejaran de verlas. ¿Cómo les exijo que dejen de hacer algo si yo no pongo el ejemplo?", señala Roxana Campos, mamá de las gemelas Laura y Mónica, de nueve años.

Planificar el tiempo que se ve televisión en casa es otra acción que podemos emprender como padres y nos puede traer muchos beneficios. No es una mala idea animarlos a planear lo que quieren ver usando alguna guía televisiva o el periódico en lugar de ir de canal en canal buscando qué ver.

Una amiga estableció en su casa una regla que señala que la televisión será encendida al iniciar el programa seleccionado por sus hijos y se apagará en cuanto termine. Podríamos ayudar a los niños a escoger su programa y después intercambiar ideas con ellos sobre éste.

Deberíamos enseñarlos también a equilibrar los programas que ven: de concursos, caricaturas, deportivos, de arte. Enseñémosles a ser más selectivos y digámosles que ellos valen mucho como para dejarse llevar por programas que no enseñan nada.

Los especialistas recomiendan no usar la televisión como premio o castigo porque eso le da más importancia de lo que en realidad tiene.

De acuerdo con la doctora Olga Mantecón, es importante que los padres sepan lo que sus hijos ven en televisión.

> Véanla con ellos y hablen sobre los programas. A veces, éstos pueden ayudarles a enfrentar conversaciones sobre el sexo, las drogas o incluso la violencia de la guerra. De ser posible, complementen los programas interesantes con algunas lecturas u otro tipo de información adicional.

Margarita Zavedra, mamá de Santiago, de 10 años de edad, y de Luis Eduardo, de un año, afirma que para ella la televisión ha sido una herramienta muy didáctica.

"Me siento con Santiago a verla, le explico las situaciones confusas, cuando termina el programa le pido una explicación y así conozco su reacción. También hablamos acerca de las cosas que son reales y lo que es fantasía. Esto me ha permitido sacar provecho del peor programa".

Una de las situaciones que más nos preocupa como padres de familia es el exceso de violencia a la que están expuestos los niños.

En Estados Unidos existen estadísticas del alto número de tranquilizantes que tuvieron que administrarse a menores de edad tras el impacto de los acontecimientos del 11 de septiembre de 2001, en la ciudad de Nueva York.

Los productores necesitan realizar programas que sean rentables, es decir, que sean productivos en términos publicitarios, que consigan patrocinios de manera fácil y se liguen con artículos de consumo infantil.

ALVA

Daniel es aficionado de los aviones y no entendía lo que sucedió aquel día, pero se angustió muchísimo y prometió no subirse a un avión nunca más. Pero no sólo mi hijo resultó impactado. Todos los niños estaban asustados, nerviosos y no hablaban de otra cosa. Incluso, la directora de la escuela los reunió y les explicó escuetamente lo que había pasado. Frente a esto la única salida es sentarnos con ellos a ver la televisión y discutir los programas, los personajes y la forma en que resuelven las situaciones.

"Si los niños ven sexo y violencia en la televisión, los padres deben asegurarse de discutir lo que miran. Las discusiones y explicaciones deben hacerse conforme al nivel de entendimiento del niño. Los padres deben explicar a sus hijos que la violencia y el sexo en la televisión son 'falsos'. Los padres también deben discutir las consecuencias que estas acciones tienen en la vida real.

Aconseje a sus hijos que vean programas con personajes que son ejemplos positivos, cooperativos y gentiles", sugiere la Academia Americana de Psiquiatría de Niños y Adolescentes.

Pegar patadas, disparar, atropellar o, en definitiva, aniquilar cualquier cosa que se mueve son los objetivos de los videojuegos más vendidos.

CENTRO REINA SOFÍA PARA EL ESTUDIO DE LA VIOLENCIA

"Cuando descubrí que la televisión podía servir para entretener a mi hija Jessica no sabes qué felicidad tan grande me dio", expone Catalina del Río, mamá de Jessica, de 14 años de edad. Con ese argumento, miles de niños son depositados todas las tardes bajo el manto protector de la pantalla televisiva. Ciertamente, como papás descansamos y tenemos tiempo para hacer otras actividades que demandan nuestra atención. El problema es que limitamos el desarrollo de los niños. ¿Qué es mejor, tener una cocina muy limpia o sentarnos a leer con el niño?

Los niños ven la televisión porque no tienen alternativa. Hagamos la prueba. Un día ofrezcámosles jugar con ellos en lugar de que se sienten frente a la caja centelleante y veremos que prefieren jugar con nosotras.

Los daños que la televisión produce a la salud no son culpa de nadie más que del exceso. Recordemos que si dosificamos el tiempo invertido en verla, puede retomar el objetivo para el que fue inventada: entretener.

Giovanni Sartori, (*La sociedad teledirigida*), expone:

La televisión es la primera escuela del niño, en donde se educa con base en imágenes que le enseñan que lo que ve es lo único que cuenta. Así, la función simbólica de la palabra queda relegada frente a la representación visual. El niño aprende de la televisión antes que de los libros. Se forma viendo y ya no lee. Dicha formación va atrofiando su capacidad para comprender, pues su mente crece ajena al concepto —que se forma y desarrolla mediante la cultura escrita y el lenguaje verbal—. Los estímulos ante los cuales responde cuando es adulto son casi exclusivamente audiovisuales. Dejando a un lado la función de entretenimiento que la televisión tiene, si el niño crece junto al televisor, su concepción del mundo se vuelve una caricatura; conoce la realidad por medio de sus imágenes y la reduce a éstas. Su capacidad de administrar los acontecimientos que lo rodean está condicionada a lo visible: su capacidad de abstracción (de trascender, por decirlo de algún modo, lo que le dicta el ojo) es sumamente pobre, 'no sólo en cuanto a palabras, sino sobre todo, en cuanto a la riqueza de significado'. La imagen no tiene contenido cognoscitivo, es prácticamente ininteligible. El acto de ver anula, en este caso, el de pensar.

Los "satanizados" videojuegos

Como la televisión, el DVD, el microondas y las computadoras, los videojuegos ya se han ganado su espacio en el hogar. No obstante, después de 12 años de la explosiva aparición del Nintendo y demás consolas, en la actualidad muchos padres de familia los "satanizan" e incluso los prohíben. No permiten a sus hijos jugar con ellos argumentando que les quitan el tiempo, que los vuelven solitarios y poco comunicativos, pero en realidad, lo que sucede en muchos casos es que los papás no saben cómo funcionan. "Son juegos para niños", aseguran.

Luis García, publicista y padre de dos adolescentes, señala que, aunque se dice que el Nintendo no educa y quita mucho tiempo, él no está de acuerdo con esta afirmación.

"Quizá sea cuestión de semántica, pero pienso que todo educa, aunque —aclara— para que se vuelva educativo, los niños necesitan de cierta conducción de los padres que les ayude a comprender las cosas y a capitalizar las experiencias por más negativas que éstas resulten".

El mundo de los videojuegos puede ser visto como educativo porque enseña al niño a coordinar la imagen, el pensamiento y a las manos que manejan el control. Lo capacitan a tomar decisiones, caminos y los pueden volver tenaces e insistentes. Pero como todo: con moderación.

Durante muchísimos años mis hijos se mantuvieron al margen de las modernidades del videojuego pero no por convicción mía. Simplemente a ellos no les interesaba, ni siquiera les llamaba la atención. Incluso, Daniel invitaba a sus amigos a la casa y éstos se sorprendían de que no hubiera Nintendo. Guillermo, mi esposo, y yo decidimos convencerlo para que en alguna Navidad se lo pidiera a Santa Claus. A regañadientes el chico lo pidió y, si he de ser franca, quien más lo disfrutó fue Lucía, mi hija.

Su nuevo juego le permitió al niño socializar un poco más. Por lo menos, ya sabía de qué hablaban sus amigos cuando se referían a *Mario Bros*.

Marina Castañón, psicopedagoga, afirma que actualmente los videojuegos representan una de las entradas más directas de los niños a la cultura informática y a la cultura de la simulación.

Muy utilizados por niños y adolescentes, son muy criticados por sus contenidos y no los usan los educadores que, en mi opinión, desaprovechan una potente herramienta educativa. Esta opción debe ser explotada por los maestros debido a que se trata de materiales que resultan muy conocidos por los estudiantes. Realizando una buena selección, estos programas nos permiten trabajar con contenidos curriculares, con procedimientos diversos y, además, incidir en aspectos relativos a los valores que los propios videojuegos encierran. Si se ayu-

En opinión de experto: los videojuegos representan una de las entradas más directas de los niños a la cultura informática y a la cultura de la simulación

da a que los niños se den cuenta de los diferentes contenidos que podemos encontrar en los videojuegos, estamos enseñándoles a adquirir criterios de selección más críticos de los que actualmente tienen.

"Pablo se lleva a todos lados su *Gameboy* y solamente así lo mantengo tranquilo. No entiendo absolutamente nada de lo que juega, pero sé que los contenidos no son agresivos. Más bien son de mucha competencia, pero eso lo ha hecho más hábil para pensar y mover las manos", comenta Lorena López, mamá de Pablo, de 11 años de edad, y de Diana, de nueve años.

Yo me inscribo en la lista de los padres que rechazan los videojuegos, más por desconocimiento que por convicción, y estoy convencida de que los efectos positivos o negativos del uso de éstos dependerán en buena medida de la postura que adoptemos los padres frente a los mismos, de nuestra selección de los videojuegos y en definir el momento y la forma oportuna de ser utilizados por nuestros hijos.

En cuanto a su contenido, conviene que estemos bien informados, ya que abundan violentos, sexistas e incluso racistas y más vale estar presentes durante la selección de manera que los niños y jóvenes compradores se inclinen por los menos nocivos para su formación.

Juan Carlos Reyes, psiquiatra infantil, opina:

Cuando los padres de familia me preguntan si la televisión, los videojuegos y las computadoras son nocivos, les respondo siempre lo mismo: depende del uso que se haga de ellos y de la cantidad de tiempo que los padres le dediquen a esta actividad de sus hijos. Nos hemos topado infinidad de veces con que el empleo indiscriminado de los videojuegos esconde importantes problemas en la dinámica familiar, y los hijos son 'enviados a jugar' sin límite de tiempo y sin ningún control o supervisión por parte de los padres. Estas alteraciones incluyen importantes dificultades en la comunicación y en la participación de los padres en las distintas actividades de sus hijos

Los videojuegos requieren del interés, la participación y hasta la divertida complicidad de los padres. Para evitar que nuestros hijos pasen horas y horas perdiendo el tiempo con su juego, no hay nada mejor que administrárselos.

En mis años de infancia no se me permitía ver la televisión todas las tardes. Mis padres tenían la suficiente firmeza como para decir que no, y ese no, era no. Mi madre administraba nuestros horarios de televisión y decidía cuál programa podíamos ver y cuál no. Así que nosotros, como padres de familia, más que el derecho, tenemos la gran responsabilidad de decidir qué juegos entran a nuestra casa y cuáles no. Así de simple.

Las mamás más doctas en el tema, aseguran que no todos son de peleas y violencia. Hay muchos de estrategia; otros de aventuras en donde los personajes se internan en mundos nuevos en los que deben hacer complicados recorridos para alcanzar una meta. También hay de acción y en éstos los personajes tienen una serie de retos, y hay muchos más de precisión, de deportes, de carreras o para crear diseños, música y hasta dibujos animados. Si no estamos muy bien enteradas, nos llevaremos una gran sorpresa cuando entremos a una tienda especializada y veamos la gran variedad que hay.

Mis hijos prácticamente no juegan con sus videojuegos, afortunadamente se entretienen más jugando con otras cosas. Pero la mayoría de los niños lo hacen, así que lo mejor será que como papás dejemos por un momento nuestro mundo adulto y nos sentemos con ellos a mover palancas, apretar botones y a gritar para que gane nuestro jugador. Ellos nos van a agradecer esos momentos de cercanía.

Preguntas

Mucho se ha dicho de la televisión y los videojuegos. Algunas posiciones protestan al referirse a éstos. Otros padres simplemente no se enteran de lo que ven sus hijos y, menos aún, de los juegos de video que usan.

1. ¿En dónde nos ubicamos nosotros? ¿Tenemos una posición firme al respecto? ¿Recurrimos a estas herramientas como niñeras de nuestros hijos?

2. ¿Nos sentamos con los niños a ver televisión? ¿Comentamos con ellos acerca de la forma en la que los personajes afrontan la vida y resuelven los problemas?

3. ¿Conocemos los videojuegos de moda? ¿Nuestros hijos nos los piden?

4. ¿Tenemos un control y reglas claras acerca del uso de la televisión?

5. ¿Tenemos una postura objetiva frente a los videojuegos? Es importante tenerla ya que de ésta dependerán en buena medida los efectos positivos o negativos del uso de los mismos.

6. ¿Pensamos en ver con detenimiento los programas que gustan a nuestros hijos? ¿Hemos ido alguna vez a una tienda de videojuegos a conocer las opciones que ofrece el mercado de acuerdo a la edad de nuestros hijos?

Capítulo seis

Las computadoras e Internet, ¿invitados indeseables?

"Mi hijo ya sabe de computación", afirman muy ufanos los padres de familia que dan por hecho que sus niños saben de la materia por el hecho de usar un procesador de textos para hacer la tarea, señala Pilar Baptista, directora de Centros de Aprendizaje Future Kids. Sin embargo, no se trata de encender una pantalla y mover un ratón (*mouse*); saber de computación implica usar la computadora y la gran variedad de aplicaciones que existen actualmente. "Se requiere conocer la relación y los procedimientos con la propia computadora. Implica, por ejemplo, saber de *hardware*, para poder relacionarlo con las especificaciones del *software*. Involucra saber de sistemas operativos, de instalar programas, de interpretar los mensajes de error. Supone entender los menús y la selección de opciones. El procesamiento y los sistemas de memoria y archivo. Implica interactuar con el mismo medio, que es la computadora, utilizarla y controlarla", expone Baptista.

Vistas así las cosas, saber de computación va mucho más lejos incluso, del propio conocimiento que nosotros, los adultos quienes nos formamos sin la presencia de estas máquinas, tenemos de las computadoras. Aunque tengamos o no conocimiento de la materia, es una realidad que las computadoras ya forman parte del mobiliario dentro de los hogares de todo el planeta, y a pesar de que en México estamos atrasados en cuanto a tecnología, crece cada vez más la cifra de computadoras personales adquiridas por los padres de familia para sus hijos. El censo del Instituto Nacional de Estadística, Geografía e Informática del año 2007, sugiere que 22.1% de los hogares mexicanos cuentan con una computadora.

Entonces, el cuestionamiento dejó de ser "computadoras, ¿sí o no?", para dar lugar a la pregunta "¿a qué edad debo introducir a mi hijo al mundo de las computadoras?".

Muchos investigadores recomiendan que niños menores de tres años no usen computadoras, con el argumento de que éstas no compaginan con su estilo de aprendizaje. Los niños que tienen esa edad aprenden a través de sus cuerpos: ojos, orejas, bocas, manos y piernas. Aunque ellos pueden retornar una y otra vez a la misma actividad, están en constante movimiento, cambiando de foco frecuentemente. Las computadoras no son una buena elección para el desarrollo mental y la destreza de los niños que están aprendiendo a conocer el mundo gateando, caminando, hablando y socializando con otros menores.

Respecto a la forma en cómo las nuevas tecnologías de la información afectan las diferentes etapas de desarrollo de los chicos, hay pocas investigaciones. Por eso, frente al uso de las computadoras, lo mejor es tener la mente abierta, aprender como papás las bondades y las desventajas de éstas y ofrecer al niño acceso a dicha herramienta conforme éste se vaya interesando o requiriendo su uso.

"A mí no me convencen mucho las escuelas que se venden anunciando avanzados cursos de computación para los niños en edad preescolar. Pienso que, entre los dos y los cinco años de edad, los niños tienen que entretenerse descubriendo el mundo más que estar sentados frente a una computadora. A esa edad, generalmente no les dejan trabajos de investigación ni saben leer. Hay una gran variedad de juegos interactivos para niños pequeños, pero yo prefiero que mis hijos, quienes aún no entran a primaria, se entretengan haciendo torres o persiguiendo hormigas", señala María Luisa Cano, mamá de Daniela y Marcos, de cinco y tres años de edad.

La investigadora estadounidense Wendy Lazarus afirma que, aunque es difícil reconocer la utilidad de la computadora de acuerdo a los grupos de edades de los niños, sí se pueden hacer algunas recomendaciones.

Así, cuando los niños tienen entre dos y tres años de edad, no es necesario que las computadoras jueguen un papel importante en su vida. Sin embargo, no hace ningún daño que estos niños vean a miembros de la familia usando computadoras y disfrutando con ello. Sentar al niño en nuestras piernas, mientras utilizamos la computadora, puede ser divertido para él ya que será su primer acercamiento a la tecnología de la información. Dejémoslo usar el teclado, mover el ratón. Podremos encontrar programas como

> Muchos investigadores recomiendan que niños menores de tres años no usen computadoras, con el argumento de que éstas no compaginan con su estilo de aprendizaje

Plaza Sésamo, Dora la Exploradora, y otros personajes de la televisión especialmente diseñados para chicos de esas edades.

Cuando tienen entre cuatro y siete años, a pesar de que ya están familiarizados con las computadoras, éstas no son prioritarias para ellos. A partir de los siete años ya pueden mostrar interés por comenzar a navegar en la Red. Entonces es el momento en que los papás tenemos que estar muy atentos y vigilar las páginas que abren.

Sobre esto, Lazarus comenta:

> Este acercamiento por parte del niño, también es una buena manera para que los padres se introduzcan en este nuevo medio. Los niños aprenden de manera intuitiva y veloz, sin embargo, a esta edad dependen todavía de los padres para leer e interpretar los caminos a seguir. Compartir el uso de la computadora crea una experiencia muy valiosa de la relación con nuestros hijos.

Los niños de este grupo de edades ya pueden obtener resultados tangibles de su experiencia con la computadora. Podría ser estimulante para el pequeño ver impreso algo que él haya hecho en ésta.

Entre los ocho y los 11 años de edad, el niño puede experimentar y apreciar mucho más todo el potencial de las experiencias en línea. Los niños pueden empezar a usar enciclopedias electrónicas y realizar dibujos y gráficos para tareas escolares. También pueden empezar a tener amigos en muchos lugares, intercambiar historias con familiares y amigos por la Red, e incluso, participar en proyectos escolares compartidos.

Sin embargo, y debido a las características de esta etapa en los niños, como padres de familia debemos ser muy claros con las reglas sobre el uso de la Red y las consecuencias de romperlas. Instruyamos a los niños a no pedir productos o dar información sobre ellos mismos o su familia sin permiso. Debemos enseñarles que deben hablar con nosotros si encuentran algo que les asuste, o sea inusual en línea. Ayudémosles a entender la naturaleza de la información comercial y cómo pensar acerca de ella.

Podríamos aprovechar para comentar algunos de los aspectos de conductas particulares del ciberespacio como el anonimato, lo que significa para su hijo y para otros niños.

Controlemos el tiempo. Un reloj de alarma o cronómetro funcionan estupendamente bien si el chico se deja llevar por las redes de la navegación en Internet y el tiempo pasa desapercibido.

Hay que controlar el uso del módem y cuidar las facturas telefónicas, establezcamos un presupuesto para gastos en línea.

De preferencia, busquemos un proveedor de Internet que nos ofrezca el servicio de filtrado familiar, el cual evitará que los chicos anden curioseando por sitios Web indebidos para su edad.

Cuando los niños tienen entre 12 y 14 años, usan recursos de búsqueda más sofisticados. Pueden empezar a trabajar con gente de lugares remotos en proyectos conjuntos y pueden aprender a tener conversaciones en línea con importantes autoridades sobre casi cualquier tema. Además, muchos adolescentes se interesan por "chatear". La mayoría de los servicios comerciales en línea posee los llamados *chat rooms* ("salas" para chatear), muy apropiados para preadolescentes y adolescentes. Allí, entablan conversaciones (a través de texto escrito en sus computadoras) con otros chicos que comparten sus intereses. La tarea de los padres es estar siempre tan disponibles para ellos como sea posible (a veces, una tarea difícil).

El uso de la computadora realza la autoestima de los niños y ellos demuestran aumento en sus niveles de comunicación hablada y de cooperación.

HAUGLAND

Debido a que a los niños de estas edades les gusta explorar por ellos mismos, seamos muy firmes y pongamos reglas claras, límites y comprobaciones periódicas. Demos a los niños un conocimiento básico de las leyes que rigen la conducta en línea y las consecuencias de romperlas. Asegurémonos de que nuestros hijos entienden las acciones que se pueden tomar si alguien les molesta en línea o les hacen o dicen cosas inapropiadas. Tienen que avisarnos de inmediato.

Tengamos especial cuidado en verificar los archivos que nuestros hijos pueden recibir o copiar. Algunos pueden ser inofensivos y divertidos, pero otros quizás no lo sean.

Nuestra labor como padres es poner límites sobre lo que es aceptable y lo que no lo es.

"Estoy absolutamente en desacuerdo con el uso de las computadoras y de Internet por niños menores de 12 años. Han alejado a nuestros hijos de la lectura y la escritura, los han vuelto más apáticos al respecto. Asimismo, los han convertido en testigos permanentes de experiencias violentas y de situaciones triviales. Los han llevado a un mar de información muy poco confiable, de dudoso origen y utilidad. Las consecuencias del uso de estos engendros de la modernidad son claros: los niños leen cada vez menos y prefieren estar 'enchufados' por horas a la pantalla, que leer en silencio", afirma Pilar Montiel, mamá de Linda y Eduardo, de 14 y 11 años de edad.

Sin embargo, esta mamá reconoce que aunque ella está convencida de lo que piensa, sus hijos se sienten un tanto marginados

El abuso en el empleo de las computadoras y de Internet nunca es culpa de los pequeños, los padres somos totalmente responsables de esta situación de su grupo social, ya que en la escuela en donde estudian, casi todos los niños tienen al menos una computadora en casa.

Yo tengo en casa a un par de niños que son muy doctos en el manejo de la computadora. Lucía es fanática de los discos compactos interactivos. Es capaz de instalarlos y desinstalarlos ella sola. Lee los instructivos, sigue las indicaciones al pie de la letra y la verdad es que los disfruta mucho. Se enajena con una gran facilidad. Puede estar todo un fin de semana sentada frente a la computadora jugando. Pero lo hace esporádicamente. Daniel es fanático de Internet, se mete por todos lados, averigua y hace sus anotaciones. Tiene mayor tendencia que mi hija al abuso en el uso de la computadora. Por supuesto, tengo todo controlado: filtros que impiden la entrada a páginas no recomendables para un niño de 11 años, tenemos la misma cuenta de correo y yo la controlo. Incluso, cuando quiere enviar algún mensaje solicitando información acerca de algo, me pide autorización para hacerlo. También hay una regla sobre el tiempo: 40 minutos como máximo después de cenar y siempre que haya algún adulto en casa.

Si quiere usar la computadora sólo para dibujar o escribir sabe que hay menos restricciones.

Rubén Romero, miembro de la planta de especialistas de Centros de Aprendizaje Future Kids, opina que, así como Internet ofrece importantes beneficios para la familia, existen riesgos para jóvenes y niños que pueden llegar a verse expuestos a temas inconvenientes que pueden ir desde literatura y juegos violentos hasta charlas o imágenes pornográficas. Es posible también que los niños sean objeto de agresiones verbales o de otra naturaleza, si no se tiene la precaución de administrar cuidadosamente la información privada o personal. "Es cierto que una manera de evadir los riesgos de Internet es no tener una conexión en casa, pero eso equivale a impedir que el niño vaya a la escuela para evitar exponerlo a los riesgos que implica salir del hogar", asegura Romero.

"Mis hijos acuden a una escuela en donde se aprende a través del arte. Las computadoras no existen en sus vidas, porque yo soy pintora y mi trabajo no la requiere. Los niños saben que existen estas máquinas, pero jamás me han pedido una. Usan mucho su imaginación, su creatividad, cocinan conmigo y yo dedico mucho tiempo a jugar con ellos. No sé si más adelante me pedirán una, pero por el momento no la necesitamos", afirma Gilda Vázquez, mamá de Santiago, de nueve años de edad y Rodrigo, de siete.

Por su parte, Irene Hernández, mamá de Pamela, de 12 años, Genaro, de 10 años y Roberto, de siete, también se reconoce como una detractora de las computadoras.

Algunas recomendaciones para que nuestros hijos "naveguen" seguros

- Establezcamos la regla de no proporcionar por Internet información personal o familiar como dirección, teléfono, nombre de la escuela, actividades extraescolares y lugares en donde se realizan.
- Asegurémonos de que nuestros hijos nos informen si reciben mensajes o correos agresivos u obscenos. Mantengamos siempre abierta la comunicación con ellos.
- No permitamos concertar encuentros personales con desconocidos a través de Internet.
- Ubiquemos la computadora conectada a Internet en un lugar abierto de la casa, el comedor por ejemplo.
- Pidamos a nuestros hijos que nos muestren los lugares que frecuentan en la Red. Tratemos de navegar con ellos ocasionalmente.

- Acordemos con los niños los horarios y los tiempos razonables de navegación.
- De preferencia, bloqueemos el ingreso a ciertas páginas.
- No dejemos "navegar" solos a nuestros hijos. El apoyo y la guía de los padres no tienen sustituto.

Fuente: *Manejando Internet en casa*, documento de trabajo para los padres de familia de los centros Future Kids.

"Mi sobrino de 14 años de edad, es muy bueno para usar la computadora, pero es poco crítico y reflexivo respecto del material al que tiene acceso. La mayoría de las tareas las realiza con su computadora, pero se limita a buscar, copiar y pegar. No es capaz de procesar la información y escoger qué le sirve y qué no. Tampoco la lee. Mi cuñada nunca está pendiente, entonces al niño de poco le sirve tener acceso a tanta información. No hay quien le sugiera hacer un resumen o explicar con sus propias palabras lo que entendió", declara.

Las ventajas de la computadora

De acuerdo con el profesor Roberto Sayavedra Soto:

> El uso constante de los programas estimula la memoria ya que exige un conocimiento y dominio de los procedimientos necesarios para operar dichos programas. Los de dibujo, por ejemplo, benefician la coordinación psicomotriz, además de que le permiten al niño descubrir y aplicar conocimientos relacionadas con el uso del color, la composición y el diseño.

Al usar los procesadores de texto, los niños descubren las diferentes posibilidades de presentación de trabajos, estructuración de ideas y perfeccionamiento de ortografía, al sustituir las palabras en los correctores ortográficos. Los juegos de destreza mental agudizan la capacidad de concentrar la atención en la realización de una tarea y contribuyen en el desarrollo del pensamiento abstracto en los niños.

Al convertirse en usuario frecuente de las computadoras e Internet, el niño adquiere niveles de conciencia personal y social que ayudan a la comprensión del mundo y encuentra nuevas formas de construir soluciones, respetar reglas y definir su propia personalidad a través del descubrimiento de sus aficiones e intereses.

Asimismo, conocer gente o relacionarse a través de Internet supone mantener una red de relaciones sociales a las que cada vez es más difícil acceder en las ciudades modernas.

Internet es maravilloso, no hay distancias posibles ni temas que queden ocultos a nuestro conocimiento.

TAPSCOTT

Todo esto suena excelente. El problema es cuando las computadoras del hogar se convierten en las niñeras. De acuerdo con Margarita Castillejos, psicoterapeuta infantil, muchas veces los padres se hacen de la vista gorda frente a las computadoras porque llegan muy cansados del trabajo y todavía tienen ocupaciones familiares que atender, entonces la computadora se convierte en una asistente invaluable.

Tengo papás de niños en terapia que afirman que el niño no molesta, no interrumpe y no pelea mientras se sienta frente a la pantalla. Un problema menos que atender, dicen. Aunque un pequeño cibernauta, absorto por la máquina, aislado del mundo y atento a las imágenes e información que recibe, no puede ser considerado como autista, la variedad y cantidad de juegos e imágenes violentas que llegan a su cerebro sí pueden afectar sus patrones de comportamiento. Los pueden convertir en niños muy agresivos o, bien, muy retraídos.

Es una realidad que las computadoras llegaron para quedarse. Por lo que tenemos que asumir una actitud abierta y enfrentar todo lo que implican. Sí, es cierto que tienen su parte negativa, pero también tienen una parte fantástica. Por lo menos en mi caso, Daniel ha aprendido a buscar información, a solicitarla. Sabe que, del mundo de datos que puede encontrar, tiene que ser selectivo con la información y utilizar la que mejor satisfaga sus expectativas.

El abuso en el empleo de las computadoras y de Internet nunca es culpa de los pequeños, los padres somos totalmente responsables de esta situación. Y si no controlamos su uso, por lo menos durante las etapas de desarrollo de nuestros hijos —y yo creo que hasta los 18 años de edad— entonces sí vamos a tener que lidiar con la cara oscura de la tecnología.

Los expertos coinciden en todo lo negativo de las computadoras si los papás no estamos pendientes. Ellos recomiendan no sustituir otros mecanismos de convivencia entre padres e hijos, por la computadora. Por eso, sugieren analizar el tiempo en conjunto que sus hijos dedican al uso de televisión, computadora, videojuegos y equipo de sonido y verificar así que dediquen suficientes momentos a otras actividades. También nos advierten que el abuso puede llevar al niño a aislarse de su grupo de amigos y a que no participe en actividades físicas prioritarias para su sano crecimiento. El deporte debe cuidarse especialmente para evitar que el niño se vuelva sedentario, pasivo y esto pueda traducirse en obesidad.

Cuidar la salud de los hijos

Los ojos

▶ Verifiquemos que la luz de la habitación donde se instaló la computadora sea suficiente (evitar que deslumbre y también que sea escasa).

▶ Cuidemos que la luz sea uniforme. La continua adaptación a diferentes niveles de luminosidad es dañina para los ojos.

▶ Pidámosles que enciendan la luz. Es común que trabajen sólo con la que genera el monitor, lo que puede provocar daños y molestias a la vista.

▶ Se recomienda que la luz natural no incida directamente sobre la pantalla.

▶ Pidámosles que cierren de vez en cuando los ojos y, de preferencia, que descansen cada 30 o 40 minutos, alternando con una actividad o solamente alejándose de la computadora. El propósito es que tengan una distracción.

Las posturas inadecuadas

El trabajo en posiciones incorrectas puede dañar la columna vertebral del niño.

Los médicos recomiendan

▶ Instalar el monitor a la altura de los ojos y a una distancia de aproximadamente 75 centímetros del cuerpo.

▶ La silla que use el chico debe tener un respaldo sólido y estar en posición vertical. Existen en el mercado sillas que se ajustan a la altura de la cintura del niño y evitan la mala posición. Si es un niño pequeño conviene poner un banco para que sus pies no queden colgando.

Pocas instituciones educativas en México, y en América Latina en general, tienen claramente establecido su proyecto académico en el área de tecnologías educativas

▶ Hay que vigilar que el niño se siente correctamente y explicarle los daños que le ocasiona sentarse inadecuadamente.

Las computadoras en la escuela

Los primeros indicios del uso de computadoras en la educación en México datan de 1978. La Academia de la Investigación Científica daba los primeros pasos para que los niños usaran las computadoras mediante su programa *Domingos en la Ciencia*. En la UNAM, la SEP, el IPN y la Fundación Arturo Rosenblueth, existían grupos de investigación que se dedicaban a estudiar la interacción de los niños con las computadoras.

Algunos programas de seguridad infantil en la Red

Cyberpatrol (www.cyberpatrol.com)
Cybersitter (www.cybersitter.com)
Netnanny (www.netnanny.com)
Surfwatch (www.surfwatch.com)

Antes de adquirir alguno, verificar que el producto tenga las funciones que buscamos, que sea compatible con el equipo de cómputo y si existe alguna tarifa de suscripción una vez instalado el producto.

> Algunas compañías proveedoras del servicio de conexión a Internet ofrecen opciones de control.
> Utilizar las etiquetas con clasificaciones de los contenidos. En ocasiones ofrecen consejos que pueden ayudar a los padres de familia.

En los albores de 1980, las expectativas de que el empleo de las computadoras estuviera fuertemente orientado hacia la tecnología informática, impulsaron a algunos países a instalar una gran cantidad de computadoras en las escuelas.

En México, las aspiraciones que se tenían para utilizar las computadoras en el ámbito educativo se tornaron más reales a partir de 1984, cuando fue posible adquirir computadoras personales a precios razonables. La primera tendencia que se observó en la incorporación de la informática a la escuela fue el surgimiento de "Laboratorios de Computación" —principalmente en las escuelas privadas—. Maestros de diferentes materias se encontraban al margen tanto de la adquisición del equipo de cómputo como de la capacitación, ya que, quienes decidían si se adquirían o no computadoras eran los directores de las escuelas y los padres de familia; y generalmente se contrataba a un ingeniero para que diera las "clases de computación" sin tomar en cuenta la opinión de los maestros.

En un segundo momento (1985-1990), la SEP encomendó al ILCE (Instituto Latinoamericano de la Comunicación Educativa) el desarrollo de un modelo pedagógico y la dotación de computadoras para las escuelas públicas, así como el desarrollo de programas educativos. En 1986 se inició el proyecto Coeeba-SEP (Computación Electrónica para la Educación Básica) en su etapa experimental y que tenía como objetivo la instalación de 30 mil computadoras para ser usadas en grupos de tercero de secundaria.

> No se trata de que los padres culpemos a las escuelas ni de que éstas nos acusen de ser causantes de que los niños no lean por falta de buenos ejemplos. Se trata de hacer equipo y juntos

En 2008, un México, un mundo, sin su uso, prescencia y expectativas, es casi inimaginable.

La doctora Pilar Baptista afirma que en miles de escuelas de todo el mundo la enseñanza de la computación es considerada un importante requisito en el currículo escolar. Sin embargo, pocos profesores, padres de familia y proveedores de equipo saben lo que implica aprender de computación.

Los contenidos de esta materia en muchas escuelas no son ni la sombra de lo que debieran ser. Ello, debido a los papeles que se le ha asignado a la materia: como recurso de información y como herramienta de refuerzo para el aprendizaje. Como recurso informativo, la computadora se limita a complementar la información que los niños obtienen en los libros, revistas, videos y otros medios. La computadora como herramienta de apoyo se restringe al uso de programas educativos —*software*— que sean tutores y enseñen a los niños materias como matemáticas, español e inglés. Éstos ofrecen ejercicios, lecciones, retroalimentación, paciencia y archivos de las calificaciones de los alumnos y un registro del nivel en que se encuentran. Ambas aplicaciones, aunque recomendables, son rudimentarias y fracasan en enseñar lo primordial en el uso de la computadora: alcanzar metas propias.

En efecto, si como padres de familia estamos de acuerdo en que aprender computación va más allá de un esquema básico e implica cambiar de un programa a otro, utilizar todas las funciones posibles, editar documentos y diseñar proyectos y presentaciones, lo principal es tener maestros que verdaderamente sepan de computación y estén permanentemente actualizándose. Se requiere, asimismo, que la escuela cuente con un proyecto educativo que comprenda todas las aplicaciones de la computadora. Este currículo académico tiene que estar dirigido a la enseñanza y al aprendizaje de habilidades acordes a cada edad y etapa de desarrollo de los niños.

"¿Hacia dónde debe dirigirse la enseñanza de la computación?", se pregunta Baptista. "A enseñar verdaderamente una cultura tecnológica; no sólo a usar la computadora para recopilar información o como tutor del aprendizaje, sino, para emplearla en cualquier campo y con una actitud de confianza hacia futuras tecnologías. Si lo logramos, habremos respondido al reto de la era de la información", concluye.

Conviene entonces no dejarnos llevar por las falsas promesas de las escuelas que enseñan computación. Pocas instituciones educativas en México, y en América Latina en general, tienen claramente establecido su proyecto académico en el área de tecnologías educativas. Pero mientras esto se logra, es importante que como padres de familia interesados en subir a nuestros hijos al tren de la tecnología no perdamos de vista todo el potencial que las computadoras e Internet pueden desarrollar en nuestros hijos. Tomando en cuenta, por supuesto, todas las recomendaciones y cuidados que nos sugieren los expertos.

Preguntas

> La tecnología forma parte de nuestras vidas y tarde o temprano, querámoslo o no, nuestros hijos requerirán una computadora y saber usarla.

1. ¿Estamos conscientes de la importancia de la tecnología en la vida de nuestros hijos?
2. ¿Les hemos manifestado nuestro interés por estar al día en cuestiones tecnológicas de manera que ellos sientan que tenemos los mismos intereses?
3. ¿Tenemos suficientes precauciones cuando nuestro hijo está navegando por Internet? ¿Estamos conscientes de los peligros de la Red?
4. ¿Nos preocupamos por averiguar qué tipo de clases de computación les enseñan en la escuela?
5. Como adultos, ¿nos sentamos a descubrir los misterios de la computadora junto con nuestros hijos?
6. ¿Conocemos todo lo que ofrece el mercado de programas educativos adecuados para la etapa de desarrollo de nuestros hijos?

Bibliografía

Bravo, Merche, *La educación temprana*. Editorial Minos, 1a. reimpresión, México, 1999.

Charmeux, Eveline, *Cómo fomentar los hábitos de lectura*. Ediciones CEAC, S.A. Aula Práctica, Barcelona, 1992.

Doman, Glen, *Cómo enseñar a leer a su bebé*. Editorial Diana, 1a. edición, México, 1991.

Espinel, José, *Educación: militar o musical*. www.analitica.com, enero de 2001.

Garrido, Felipe, "Formar lectores, un fracaso". Gaceta *Vida Universitaria* de la Universidad Autónoma de Nuevo León. Falta fecha y número

Hano Díaz, Martha C., "Un viaje para compartir: la lectura". Revista *Rompan Filas*, núm. 33, año 7, México.

Hernández Prado, Bernardo, "La televisión, mi única diversión". www.insp.mx, mayo de 2002.

Hernández Valencia, Horacio, "La música y la salud". morgan. iia.unam.mx, Escuela Nacional de Estudios Profesionales, Iztacala. Falta fecha

Mara Carnaya, Mara, "Los niños y la tele". Revista *Etcétera*, México, 2002.

Bibliografía

Marín Marín, Álvaro, "Propuesta de modelo didáctico para el fomento a la lectura recreativa en la secundaria". www.umass.edu/co

Martín del Campo Ramírez, Socorro, "El papel de la educación artística en el desarrollo integral del educando". www.quadernsdigitals.net/

Martínez, Norma, "Reflexión sobre los espacios de los niños en la ciudad". www.architecthum.edu.mx

Peters, Cynthia, "Se necesita toda una industria de juguetes y productos infantiles para educar a un hijo" (*It Takes a Whole Toy and Baby Products Industry to Raise a Child*).

Ríos, Gustavo A., "El niño y el deporte". www.elentrenador.com

Thurer, Shari, *El mito de la maternidad* (Myths of motherhood). Penguin, abril de 1995.

Tomatis, Alfred, www.tomatis.cl/efecto_mozart.htm.